Bojan Sarenac

Die Macht des Grotesken

Dekonstruktion des kulturellen Wertesystems im Film Salò oder die 120 Tage von Sodom

Bachelor + Master Publishing

Sarenac, Bojan: Die Macht des Grotesken: Dekonstruktion des kulturellen Wertesystems im Film Salò oder die 120 Tage von Sodom, Hamburg, Bachelor + Master Publishing 2013

Originaltitel der Abschlussarbeit: Das Groteske: Dekonstruktion des kulturellen Wertesystems im Film Salò oder die 120 Tage von Sodom

Buch-ISBN: 978-3-95549-318-9
PDF-eBook-ISBN: 978-3-95549-818-4
Druck/Herstellung: Bachelor + Master Publishing, Hamburg, 2013
Zugl. Universität zu Köln, Köln, Deutschland, Diplomarbeit, August 2010

Bibliografische Information der Deutschen Nationalbibliothek:
Die Deutsche Nationalbibliothek verzeichnet diese Publikation in der Deutschen Nationalbibliografie; detaillierte bibliografische Daten sind im Internet über http://dnb.d-nb.de abrufbar.

Das Werk einschließlich aller seiner Teile ist urheberrechtlich geschützt. Jede Verwertung außerhalb der Grenzen des Urheberrechtsgesetzes ist ohne Zustimmung des Verlages unzulässig und strafbar. Dies gilt insbesondere für Vervielfältigungen, Übersetzungen, Mikroverfilmungen und die Einspeicherung und Bearbeitung in elektronischen Systemen.

Die Wiedergabe von Gebrauchsnamen, Handelsnamen, Warenbezeichnungen usw. in diesem Werk berechtigt auch ohne besondere Kennzeichnung nicht zu der Annahme, dass solche Namen im Sinne der Warenzeichen- und Markenschutz-Gesetzgebung als frei zu betrachten wären und daher von jedermann benutzt werden dürften.

Die Informationen in diesem Werk wurden mit Sorgfalt erarbeitet. Dennoch können Fehler nicht vollständig ausgeschlossen werden und die Diplomica Verlag GmbH, die Autoren oder Übersetzer übernehmen keine juristische Verantwortung oder irgendeine Haftung für evtl. verbliebene fehlerhafte Angaben und deren Folgen.

Alle Rechte vorbehalten

© Bachelor + Master Publishing, Imprint der Diplomica Verlag GmbH
Hermannstal 119k, 22119 Hamburg
http://www.diplomica-verlag.de, Hamburg 2013
Printed in Germany

Inhaltsverzeichnis

1.	Einleitung	1
2.	**Das Groteske**	**3**
2.1	Die Aspekte des Begriffs „grotesk" und das „groteske Phänomen"	3
2.2	Die Funktion und die Kreativität des Grotesken	6
2.3	Die Interpretationen des Grotesken	11
2.4	Die Verdrängung des Grotesken zum Randphänomen	14
3.	**Abjektion und Körper**	**17**
3.1	Abjektion – ein groteskes Grenzphänomen?	17
3.2	Die Paradoxie der Körperlichkeit	21
3.3	Phallus, Anus und Repression	25
4.	**Die Anwendung der theoretischen Konzepte im Film**	**28**
4.1	Filmsprache – eine „Grotesksprache"?	28
4.2	Abjektion und Film	33
5.	**„Salò" - ein exponiertes Groteskwerk als Beispiel für die Dekonstruktion einer kulturellen Ordnung**	**37**
5.1	„Salò" - eine Dekonstruktion von de Sades Roman „Die 120 Tage von Sodom"	37
5.2	Groteske Dekonstruktion in „Salò" aus psychoanalytischer Sicht	42
5.3	Das groteske „Erdbeben" - „Salò" aus soziokultureller Sicht	54
6.	**Fazit**	**67**
7.	**Quellenverzeichnis**	**70**
7.1	Filme	70
7.2	Literatur	70

1. Einleitung

Der Hang zum destruktiven Denken und Handeln ist in jeder Kultur und in jedem Individuum tief verankert. In der vorliegenden Arbeit werde ich mich sowohl mit den möglichen Ursachen, als auch mit schwerwiegenden Folgen der Destruktion für das „westliche" kulturelle Wertesystem beschäftigen. Dabei werde ich den Schwerpunkt auf eine „groteske" Dekonstruktion sowie Dekomponierung, Rezentrierung, Deterritorialisierung und Liquidierung kultureller Strukturen setzen. Ich werde zuerst die Parallelen zwischen dem Grotesken und der Kultur erläutern und anschließend den Anteil und die Mechanismen des Grotesken in der „Dekonstruktion der Kultur" anhand des letzten Films von Pier Paolo Pasolini *Salò oder die 120 Tage von Sodom* (1975) untersuchen. Da das Phänomen des Grotesken sehr abstrakt ist und eine eindeutige Definition des Grotesken ausgeschlossen ist, werde ich die „Abjekttheorie" als eine Brücke zum besseren Verständnis des Grotesken nutzen.

In der Forschung gab es Versuche, das groteske Phänomen in einem bestimmten Bereich zu isolieren, und damit zu konkretisieren. Kayser öffnet die Tür für die Psychoanalyse in der Groteske-Forschung. Kaysers angesprochenes „Es" zieht sich wie ein Schatten über die Theorie des Grotesken, obwohl es immer wieder die Präzisierungsversuche vom „Es" gibt. So zeigt Jennings die psychologischen Mechanismen auf, die ein Teil von Kaysers „Es" (von der Entfremdung und Bannung des Dämonischen im Grotesken) sein mögen. (Calestini 2006: 14) Jennings isoliert das groteske Phänomen, indem er es auf den Einfluss des Grotesken auf die menschliche Psyche begrenzt. Das Buch von Fuß *Das Groteske* (2001) bringt neuen Schwung in die Groteske-Forschung, mit der These, dass das Groteske eine „Dekompositionsinstanz kultureller Ordnungsstrukturen" ist. Das Groteske liquidiert, so Fuß, existierende kulturelle Ordnung und setzt zugleich die kulturelle Erneuerung voraus. (Calestini 2006: 15)

Durch diesen neuen Blick auf die Funktionen, aber auch auf die möglichen Ursachen des Grotesken, vergrößert Fuß das Feld der Groteske-Forschung enorm. Es scheint, als ob die frühere Tendenz zum „Detail" durch einen neuen Versuch der „Verflüssigung" und „Abstrahierung" des Grotesken ersetzt wurde. Dadurch wird ein scheinbar unendliches „Spielfeld" für diverse Untersuchungen des Grotesken zugänglich, wobei die mediale Darstellung des Grotesken eine entscheidende Rolle für die Forschung spielt. Das Groteske wurde bisher meistens in der bildenden Kunst und in der Literatur untersucht. Das Medium Film ist in dieser Hinsicht noch relativ unerforscht – vor allem wenn man bedenkt, dass sich gerade der Spielfilm für komplexe Darstellung der Dekonstruktion einer kulturellen Ordnung durch das Groteske hervorragend eignet. Ein Spielfilm kann durch filmische Mittel die groteske Mischung aus Phantastischem, Hässlichem und Bizarrem am effektivsten darstellen. Das Medium Film ist immer noch das beste Mittel zur Darstellung und Verzerrung der Realität(en) – durch Filmsprache, Kameraeinstellungen, Schnitt und Phantasie auf der Kinoleinwand.

Pasolinis letzter Film, (abgekürzt) *Salò*, sprengt alle Rahmen des „westlichen" kulturellen Wertesystems. Obwohl die konventionellen Kulturvorstellungen in *Salò* sehr kühl und distanzierend aus allen Nähten platzen, schafft es der Film, den Zuschauer in einem ungewollten Universum gefangen zu halten. *Salò* ist gleichzeitig ein Lichtjahre entferntes „schwarzes Loch" und sehr nah an einer verdrängten Realität jeden Individuums. *Salò* ist ein grenzenloses Nichts und durch unzählige Grenzen geteiltes Alles zugleich. Die ausgeprägte theatralische Form von *Salò* rückt zwar die technischen Möglichkeiten des Mediums Film in den Hintergrund, aber verstärkt noch zusätzlich eine verzerrte und übersteigerte Nähe zum Rezipienten, die zugleich lächerlich, monströs und absurd wirkt.

Durch die neuere Forschung, welche dem Grotesken einen abstrakten und breiten (einen nichts und alles sagenden) Sinn gibt, bin ich der Meinung, dass sich Pasolinis *Salò* als Beispiel für die Dekonstruktion von kulturellen Strukturen durch das Groteske in vielerlei Hinsicht eignet. In der vorliegenden Arbeit werde ich mich mit der abstrakten Bindung zwischen dem Grotesken und der Liquidierung kultureller Ordnung, sowie mit der filmischen Darstellung dessen beschäftigen. Um den Abstraktionsgrad der Arbeit zu verringern, werde ich die „Abjekttheorie" von Kristeva erläutern und als psychophysischen Ausdruck des vermenschlichten Grotesken betrachten. Ich werde das Groteske in *Salò* aus psychoanalytischer und soziokultureller Sicht gleichermaßen behandeln, obwohl die beiden Bereiche nicht immer scharf getrennt werden können.

2. Das Groteske

2.1 Die Aspekte des Begriffs „grotesk" und das „groteske Phänomen"

Das Wort „grotesk" stammt vom italienischen Wort „la grottesca" ab. Damit wird auf „grotta" (Höhle) verwiesen – konkret, auf ornamentale antike Wandmalereien, welche am Ende des 15. Jahrhunderts in verschiedenen italienischen Städten entdeckt wurden. (Fuß 2001: 118) Das Groteske beschränkt sich aber nicht nur auf imaginäre Inhalte (z.B. in der Kunst und Literatur). Auch reale und realistische Grotesken sind üblich. (Fuß 2001: 130-131)

Der Begriff „grotesk" wurde in der Vergangenheit von Kritikern oft benutzt, um Themen, Genres, Schriftsteller, Charaktere, Stile und Techniken zu klassifizieren. Das Groteske assoziierte auf etwas Grobes, Barbarisches, Unmoralisches, Unpassendes und Extravagantes. Barasch sieht in dem Begriff „grotesk" in der Nachkriegszeit ein kritisches Identitätsmerkmal für die Schule des modernen Dramas, das mit vielfältigem und ambivalentem Genuss verbunden ist. (Barasch 1971: 9) Coleridge beschreibt das Groteske in seiner Theorie des Komischen als merkwürdig und exzentrisch und bezieht es auf Schamlosigkeit, Vulgarität, Perversität, Sensationalismus und Blasphemie. (Barasch 1971: 154) Er betrachtet das satirische Groteske als ein Schutzmittel vor allem Grausamen im Menschen von der Empörung über Moralvorstellungen. Pietzcker definiert das Groteske als Erwartungstäuschung. (Fuß 2001: 81) Das Wort „grotesk" sei eine Relation zwischen mehreren subjektiven Erwartungen und einem ihnen inadäquaten Objekt.

Flögel betrachtet das Phänomen aus der natur-anthropologischen Perspektive des 18. Jahrhunderts. (Kassel 1969: 15) So behauptet er, dass die Neigung der Menschen zum Grotesk-Komischen so alt sei wie irgendeine andere Art des Komischen. Flögel meint weiter, dass der menschliche Hang zum Übertrieben-Komischen und Grotesken ein Teil der natürlichen Veranlagung sei. Von Gerstenberg zieht eine Parallele zwischen dem Natur- und Originalgenie Shakespeare und dem „Geist des Grotesken". (Kassel 1969: 15) Schlegel untersucht historische Ereignisse wie die französische Revolution und zieht Zusammenhänge zwischen Revolution und Groteske. (Kassel 1969: 16) Revolution ist, so Schlegel, die furchtbarste Groteske des Zeitalters; eine Tragikomödie der Menschheit. Laut Schlegel sind für das Groteske drei Momente kennzeichnend: die künstlerischen Versetzungen von Form und Materie, der Schein des Zufälligen und Willkürlichen und der Charakter des Spielerischen. (Kassel 1969: 20) Alle drei Momente seien Gerüst des subjektiv-künstlerischen Prozesses.

Für die Groteske-Forschung ist wichtig die Beziehung zwischen dem Grotesken und den subjektiven Bewusstseinszuständen. Diese Bindung bezieht sich sowohl auf die künstlerische Entstehung grotesker Phänomene in einer „konflikt-bestimmten Ich-Verfassung" des Künstlers, als auch auf die Rezeption beim Betrachter. Das Problem der Definition des Grotesken liegt darin, dass das Groteske sowohl als ästhetisches Phänomen wie auch als Phänomen einer „ich-bestimmten Seins- und Welterfahrung" verstanden wurde. (Kassel 1969: 14) In der Renaissance bezeichnete man eine damals unbekannte Art antiker ornamentaler Malerei als „grotesk". Diese wurde schon in der römischen Spätantike als „barbarische Mode" betrachtet. Diese Malerei vermischte Pflanzen-, Tier- und Menschenwelt unvermittelt miteinander. Schon bei der Entstehung des Begriffs „grotesk" gab es eine doppelte Bedeutung: einerseits die künstlerische Dimension einer solchen Malerei und andererseits die Wahrnehmung von Ungewohntem und fremd befundenen Monstrositäten und Seltsamkeiten aus der Antike. (Kassel 1969: 14) Laut Bachtin ist das Groteske Produkt der Mischkultur einer Übergangszeit. (Fuß 2001: 86) Das Groteske erlebt seinen Höhepunkt in den Zeiten der historischen Umbrüche – es begleitet und forciert sie. (Fuß 2001: 93)

Alle Interpretationen deuten, so Fuß, auf das Groteske als Dekomposition symbolisch-kultureller Ordnungsstrukturen. (Fuß 2001: 147-148) Diese Dekomposition hat verschiedene Aspekte des Grotesken (das Phantastische, das grotesk Realistische, das Wunderbare, das Absurde, Satirische und Karnevaleske), welche sich untereinander mischen. Ein rein groteskes Phänomen existiert nicht, aber es gibt Grotesken, die eher komisch, eher absurd oder eher unheimlich sind. Die offizielle, herrschende Ordnung wird zum Objekt grotesker Dekomposition. So dekomponieren z.B. moderne und romantische Grotesken die konventionelle Ordnung, während in den Renaissancegrotesken die Ansätze zur Dekomposition der Erkenntnisordnung zu finden sind. (Fuß 2001: 150) Kaysers Terminus „Weltorientierung" weist auf die Abhängigkeit des Grotesken von der Rezeption und vom Rezipienten hin. (Fuß 2001: 85) Demnach wird das Groteske nur in der Aufnahme erfahren.

Die Kategorie des Grotesken umfasst eine Vielzahl jener Elemente, die in keine andere Kategorie eingeordnet werden können, weil sie selbst Elemente verschiedener Kategorien innehaben. Durch diese komplexe Mischung versagen die konventionellen Kategorien der Weltorientierung. (Fuß 2001: 112) Daher können viele Definitionen des Grotesken zutreffend sein, obwohl sich einige von ihnen gegenseitig ausschließen. Das logische Prinzip der

Widersprüchlichkeit wird durch das Groteske *sowohl-als-auch* und *weder-noch* ständig in Frage gestellt. (Fuß 2001: 113) Daher kann das Groteske als eine paradoxe Kategorie betrachtet werden. Paradoxie ist ein groteskes Phänomen und Paradoxa sind die Grotesken der Logik. (Fuß 2001: 113-114) Sinnvoll wäre die Überlegung, das Groteske nicht als Begriff, sondern als polyvalentes Wort, als Zeichen des Unbegreifbaren jenseits der Begrifflichkeit zu betrachten. (Fuß 2001: 117)

Laut Fuß kann alles, was als grotesk erlebt wird, auch als grotesk bezeichnet werden. (Fuß 2001: 98) Das Erleben des Grotesken ähnelt einem verstörenden Gefühl. Man bekommt den Eindruck, etwas nicht richtig wahrgenommen oder verstanden zu haben. Die Irritation steigert sich zur Verwirrung. Die Verstörung führt oft zum ambivalenten Lachen, ohne dabei zu verschwinden. Man fühlt sich unwohl bei diesem Lachen. Es entstehen Schamgefühle, weil solches Lachen als etwas Sittenwidriges erscheint. Das Lachen über das Groteske ist ein Konventionsbruch. (Fuß 2001: 101) Die Konvention des Komischen (welche durch Konsens bestimmt wird) wird gebrochen, wodurch die Dekomposition einer kulturellen Ordnung geschieht. Während das Lachen über die Komödie Kommunikation darstellt, verursacht das Lachen über das Groteske das Scheitern der Kommunikation. (Fuß 2001: 102) Das „groteske Lachen" destabilisiert die Normen, weil es keine breite Einigung darüber gibt, ob solches Lachen eine Berechtigung hat. Die unbehagliche Ungewissheit ist ein wichtiger Aspekt des grotesken Erlebnisses. Durch Hemmungen und Unsicherheiten entsteht das hysterische Lachen – ein Ausdruck der Angst. (Fuß 2001: 103)

Die widersprüchlichen Verhaltensweisen und Gefühle bei den Phänomenen, welche als „grotesk" beschrieben werden können, weisen darauf hin, dass es sich hier um eine komplexe, körperliche und psychische Auseinandersetzung mit einem Phänomen des „Unbegreiflichen" handelt. Selbst der Wille, das Groteske rational zu bestimmen, kann nur auf einer Fülle widersprüchlicher Gefühle und körperlicher Reaktionen beruhen.

2.2 Die Funktion und die Kreativität des Grotesken

Zunächst möchte ich die Relation zwischen der Kultur und dem Groteskem erläutern.

Eine Kulturformation ist laut Fuß die Gesamtheit der kulturell instituierten symbolischen Ordnungsstrukturen sowie der Prozess ihrer Instituierung. (Fuß 2001: 167) Jede Struktur entsteht aus einer vorgängigen Struktur – sie wird ständig transportiert und transformiert. Es sind drei kulturelle symbolische Ordnungsstrukturen, welche durch das Groteske liquidiert (verflüssigt) werden: die Verhaltensordnung, die Sprachordnung und die Erkenntnisordnung. Alle drei Strukturen sind voneinander abhängig und formieren sich gegenseitig durch Wechselwirkung. (Fuß 2001: 168) Um den Einfluss des Grotesken auf die Kultur deutlicher darzustellen, werde ich kurz auf die drei kulturelle symbolische Ordnungsstrukturen näher eingehen.

Die Menschen etablieren Institutionen als Systeme verteilter Gewohnheiten. Institutionalisierte Gewohnheiten können fehlende Instinkte ersetzen. (Fuß 2001: 168) Laut Castoriadis sind Institutionen das Symbolische zweiten Grades. (Fuß 2001: 164) Sie verknüpfen Symbole (Signifikanten) mit Signifikaten und machen sie obligatorisch. Kulturelle Strukturen verweisen auch auf eine Relation zwischen dem Trieb (Hunger) und seinem Objekt (Brust). Dies ist, ähnlich wie der Kothaufen, noch eine ontogenetische Quelle des Symbolischen. Das Kotmotiv ist ein gutes Beispiel für die Dekonstruktion des Semiotischen. Es symbolisiert diese Dekonstruktion; es ist ein vermittelnder Verweis. Verdauungsprozesse sind, so Fuß, entscheidend bei der ontogenetischen Übernahme kultureller Strukturen. (Fuß 2001: 164) So ist die kontrollierte Abgabe des Kots eine der frühesten „kulturellen Leistungen" eines Kindes. Häufig wird der Analtrieb und seine Umsetzung mit dem Kot in Verbindung gebracht, was wiederum einen Einfluss auf die gesellschaftlichen Verhaltensnormen ausübt. Der Kot wird zu einer Quelle der symbolischen Ordnung. Das erste Symbol dieser Quelle ist ein Kothaufen. Für Kristeva ist die Ausscheidung das Verwerfen des Dings. (Fuß 2001: 165) Die semiotische Analität betrachtet sie als die Bedingung des Symbolischen. Für die Filmanalyse von *Salò* ist die Koinzidenz von analer Phase und Spracherwerb bedeutsam. Der Mund als Sprachorgan ist ein Ende des Verdauungstraktes; die Verschiebung der Libido vom After zum Mund ist im organischen Sinne unproblematisch. In *Salò* kann man sogar von „Gleichstellung" zwischen Anus und Mund sprechen. Das Groteske kann laut Fuß als eine virtuelle Rückkehr zur Quelle der symbolischen Ordnung betrachtet werden. (Fuß 2001: 165)

Orale, wie anale Quelle des Symbolischen wird im grotesken Motiv des Essens thematisiert. Die Verhaltensordnung verschiebt die Triebenergie von ihrem ersten Objekt auf die darauf kommenden. Die Libidotransportation strukturiert und konstruiert die Umwelt. (Fuß 2001: 172) Moral, Sitte und Recht bestimmen gesellschaftlich akzeptierte Triebobjekte und die Wege zur Triebbefriedigung, indem sie konkrete Objekte und Verhaltensweisen positiv oder negativ bewerten. Ein Verhalten bedeutet einen Wert, welcher symbolisch ist. Die groteske Rezentrierung des Marginalisierten ist Wiederkehr des Verdrängten in die Ordnung des Signifikanten. (Fuß 2001: 174)

Sprache ist nicht nur das genetische Medium, sondern auch das heuristische Modell von symbolisch kulturellen Strukturen. Die Dekomposition der Sprache ist ein wichtiges Element grotesker Literatur. (Fuß 2001: 175) Voraussetzung des Sprechens ist die Pluralität – die Gleichheit und Verschiedenheit der Menschen. Nur eine „relativ unbestimmte" Sprache ist in der Lage, etwas Unbekanntes zu bezeichnen. (Fuß 2001: 178) Die Begriffe haben flüssig fixierte Grenzen, wodurch kulturelle Veränderungen ermöglicht werden. Die groteske Dekomposition der Sprache (durch Verkehrung, Verzerrung und Vermischung) verstärkt die Unbestimmtheit. Dadurch wird das kreative Potenzial der Sprache erhöht. (Fuß 2001: 179) Die Sprache ist immer neu organisierbar – sie kann nie vollständig organisiert sein, weil sie jederzeit neue Bedeutungen schaffen kann. Konventionelle Relation von Signifikant und Signifikat wird durch die groteske Dekomposition liquidiert, wodurch diese Bezeichnungsverknüpfung vom Rationalen und Logischen weit entfernt wird. (Fuß 2001: 183)

Laut Nietzsche ist die Wahrnehmung eine „formlos-unformulierbare Welt des Sensationen-Chaos". (Fuß 2001: 184) Erst durch die Formulierung bekommt die Wahrnehmung eine Form. Erkennen ist, so Nietzsche, eine Form des Willens zur Macht. Auch das Interpretieren ist eine Form des Willens zur Macht, da Subjekt und Objekt erst durch Interpretation entstehen. (Fuß 2001: 190) Die Elemente der Erkenntnisordnung (Raum, Zeit, Kausalität und Logik) haben alle Versuche grotesker Liquidation überstanden. Daher ist es fragwürdig, ob die Erkenntnisregeln überhaupt kulturelle Konventionen sind. Unabhängig von diesem noch ungelösten Problem können Raum, Zeit, Kausalität und Logik innerhalb des Grotesken so behandelt werden, als ob sie auch ganz anders möglich wären. (Fuß 2001: 191)

Die Verkehrung ist ein integraler Teil der grotesken Struktur. Fäkal-, Sexual- und Esstabus stellen in dem Grotesken eine Verkehrung des Gewöhnlichen dar. Damit werden jene Sublimierungen liquidiert, welche für Freud „älteste Triebverzichte und Kulturforderungen" sind: Sexualität (Inzest), Ernährung (Kannibalismus) und Gewalt (Mordlust). (Fuß 2001: 253-254) Das Groteske hebt die gesellschaftskonstituierende Gewaltbewältigung virtuell auf. Aber selbst das ist eine Art von Gewaltbewältigung, weil das kontrollierte Öffnen eines Ventils den unkontrollierten Ausbruch verhindern kann. Neben Verkehrung, besteht das Groteske auch aus Verzerrung, welche das Monströse schafft. (Fuß 2001: 299) Die grotesken Formen des Verkehrten und Monströsen sind Produkt einer Vermischung. Die komplexe Verkehrung verursacht die Mischung zwischen Verkehrtem und Unverkehrtem. Selbst die einfachen Verkehrungen haben eine groteske Wirkung, indem sie sich mit dem Unverkehrten im Bewusstsein der Rezipienten vermischen. (Fuß 2001: 349)

Die destruktive Komponente ist eine der Voraussetzungen der kreativen Transformation kultureller Strukturen. Das Groteske stellt das Fremde einer Kultur dar und die Kollision des Grotesken mit den Kulturordnungen erschüttert die existierenden Strukturen. (Fuß 2001: 154) Die Kultur wird liquidiert, wodurch es möglich wird, dass sich eine Kultur immer wieder anders formiert und fixiert. Kulturelle Ordnungsstrukturen verändern sich und nehmen eine gewisse Zeit Distanz zu den gesellschaftlichen Konventionen, solange sich diese neuen Umständen nicht angepasst haben. (Fuß 2001: 157) *Salò* kann als Dekonstruktion einer alten und als Geburt einer neuen Kulturordnung interpretiert werden.

Das Groteske sprengt die Struktur klassischer Logik. Dem klassischen Entweder-Oder setzt das Groteske seine „dreiwertige" Logik entgegen. Der dritte Wert ist die unendliche Unentscheidbarkeit – Sowohl-Als-Auch, das zugleich ein Weder-Noch ist. (Fuß 2001: 194) Das Groteske produziert die Unbestimmtheit, indem es die Situationen unendlicher Unentscheidbarkeit provoziert. Das Groteske zerstört die Strukturen, welche die Entscheidungen determinieren. Dadurch werden indeterminierte Entscheidungen möglich und nötig – kreatives Potenzial wird freigesetzt. (Fuß 2001: 195)

Kreativität ist ein Aspekt des menschlichen Handelns und Grundbedingung menschlicher Existenz. Wiederum ist die Imagination die Voraussetzung und Initialphase jeder Kreation. (Fuß 2001: 200) Imagination kann als Medium der Konstruktion und Dekomposition von Ordnungsstrukturen betrachtet werden. (Fuß 2001: 202) Laut Fuß ist das Groteske eine Kreation, welche Kreativität im Laufe der kulturellen Prozesse freisetzt. (Fuß 2001: 196) Die kreative Fähigkeit des Grotesken ist manifestierbar in der Chimäre als Quintessenz des Grotesken, weil das imaginäre Tier nur durch einen kreativen Akt existiert. Deleuze weist in seiner Analyse der Bilder Bacons auf die chimärische Dimension des Körpers hin. (Fuß 2001: 374) Der Leib sei eine Ununterscheidbarkeitszone; der gemeinsame Raum von

Mensch und Tier. Für Deleuze ist das Tier-Werden des Menschen wie Fleisch-Werden des Körpers. Die Vermischung von Tier und Mensch liquidiert die kulturelle Ordnung und hebt die animalische Natur des Menschen hervor.

In Hinblick auf die kommende Analyse von *Salò*, möchte ich kurz die Relation zwischen dem Grotesken und dem „Subjekt" erläutern. Die Signatur ist eine neuzeitliche Erfindung – die meisten Werke mittelalterlicher Künstler sind namen- und subjektlos. Erst in der „Moderne" wurden Neuheit und Originalität zu den Kernelementen der „Genieästhetik" und zum Mittelpunkt der Kunstauffassung. Seitdem die Kunstwerke subjektzentriert sind, verliert die Kunst an Anziehungskraft und Glaubwürdigkeit, als ob durch die Bekanntgabe des „Schöpfers" auch das Kunstwerk enthüllt würde. Die Totalisierung eines Konzepts ist oft der Beginn seines Endes. (Fuß 2001: 204) Die psychoanalytische Theorie des Unbewussten und romantische Grotesken haben das Subjekt in der Moderne zum Teil entmachtet. Das Groteske kennt nicht die subjektzentrierte Vorstellung der Kreativität. (Fuß 2001: 208) Die Subjektivität entstand innerhalb der symbolisch kulturellen Ordnung, welche wiederum eine kollektive Institution ist. (Fuß 2001: 209) Kreativität kann als ein Effekt des Unbestimmt-Seins verstanden werden. Und weil Bestimmtheit für die meisten Menschen den Normalzustand darstellt, muss die Unbestimmtheit erst geschaffen werden. Sie entsteht in der Beseitigung existierender Ordnungsstrukturen durch das Groteske. (Fuß 2001: 230)

Laut Kayser ist es nötig, die zugrunde liegende Ordnung der in der Kunstwerk dargestellten Welt als die Ordnung unserer Wirklichkeitswelt zu erkennen, damit wir ein Kunstwerk als grotesk wahrnehmen können. (Leopoldseder 1973: 4) Erst durch die plötzliche Entfremdung der dargestellten Realität verfremdet sich die reale Wirklichkeitswelt des Rezipienten. Durch die Entfremdung wird die dargestellte Welt als eigene erkannt – die Ordnungsnormen und die Kategorien der Weltorientierung versagen. Die Orientierung in einer verfremdeten Welt erscheint absurd. Für Kayser ist das Groteske die Gestaltung des „Es" - der Versuch, das Dämonische in der Welt zu bannen und zu beschwören. (Leopoldseder 1973: 5) Der „Groteskkünstler" darf seinem Werk keinen Sinn geben, weil jede Deutung ein Fluchtversuch aus dem Absurden wäre. Nietzsches Umwertung aller Werte dekomponiert christlich-abendländische Kultur, was Nietzsche zum „Groteskkünstler" macht. (Fuß 2001: 485) Kayser nimmt an, dass die Wirkung eines Kunstwerkes auf die Rezipienten kein eindeutiger Maßstab für die Untersuchung des Grotesken darstellt. (Leopoldsrder 1973: 6) Daher wäre es sinnvoll, das Groteske aus der Struktur des Kunstwerkes heraus zu bestimmen.

Der Wahnsinn ist, so Kayser, die letzte Steigerung der Weltverfremdung. (Leopoldseder 1973: 186) Aber der Wahnsinn wird erst dann zum grotesken Motiv, wenn er sich nicht mehr von der Normalität unterscheidet. Das Groteske ist das Nebeneinander von scheinbarer Normalität und Wahnsinn. (Leopoldseder 1973: 187) Dadurch bekommt der Wahnsinn die Form einer grotesken Existenz, welche durch die Diskrepanz der Wirklichkeiten erhalten bleibt. Nur der Tod kann eine solche Existenz auslöschen. Damit ist ein Ausweg jenseits des Todes scheinbar unmöglich. (Leopoldseder 1973: 189)

Jahrhundertelang galt das Wort als etwas „Göttliches", während das Bildmedium negativ konnotiert war und im Bilderverbot marginalisiert wurde. Daher bietet sich das Bild als Medium des Grotesken an. Sehr langsam erobert das Groteske die Texte. (Fuß 2001: 369) Das Medium Film eignet sich seit seiner Erfindung für groteske Darstellungen, da die Filmsprache in der Lage ist, die Verkehrung, Verzerrung und Vermischung zu zeigen, und diese sogar in das Textuelle zu übertragen. Dennoch ist die Untersuchung des Grotesken im Film immer noch ein junges Forschungsfeld der kulturwissenschaftlichen Filmforschung.

Laut Benjamin sind die ältesten Kunstwerke im Dienst zuerst eines magischen, dann eines religiösen Rituals entstanden. (Fuß 2001: 447) Daher gibt es eine funktionale Analogie zwischen dem Ritual und dem Kunstwerk. Sie ist für die grotesken Formen der Kunst und Literatur sehr relevant. Fuß meint, dass die selbstständige ästhetische Form innerhalb der Kulturformation erst durch das Herauslösen des Grotesken aus dem religiösen Sektor entstanden ist. (Fuß 2001: 425) Dieser Entwicklung entspricht der Wechsel des Grotesken vom religiösen zum ästhetischen Kontext. Die „Immigration" des Grotesken zum Ästhetischen wird durch gesellschaftspolitische Ereignisse (Dreißigjähriger Krieg, amerikanische und französische Revolution) begleitet. (Fuß 2001: 425-426) Die Gewaltausbrüche beider Weltkriege sorgen für die langsame „Emigration" des Grotesken aus dem ästhetischen Kontext. Dadurch ergreift die groteske Struktur die gesamte Kulturformation. (Fuß 2001: 426)

2.3 Die Interpretationen des Grotesken

Kayser unterscheidet die „radikal satirische" und die „phantastische" Groteske. (Fuß 2001: 70) Das Groteske rückt in die Nähe des Absurden und des Phantastischen. Der absurdistisch-phantastische Aspekt geht mit einer unheimlichen, schrecken erregenden Wirkung einher. Das Lachen über das Groteske ist kein Effekt der Komik, sondern der Absurdität. Die Unverständlichkeit ist laut Kayser das Hauptmerkmal des Grotesken, wodurch lächerliche und unheimliche Züge überhaupt entstehen. Die Struktur des Grotesken zerstört die Kategorien der Weltorientierung. Die grotesk dargestellte Welt erscheint den Menschen fremd, weil die gewohnten Deutungsschemata unbrauchbar werden. Die „Zusammenstellung des Heterogenen" im Grotesken macht die Ordnungen der Weltorientierung sinnlos. Dieser Effekt wird vom Kayser als das „Chimärische" bezeichnet. (Fuß 2001: 71)

Bachtin sieht in der Befreiung von Ordnungskonventionen eine der wichtigsten Funktionen des Grotesken. (Fuß 2001: 74) Er macht einen Unterschied zwischen einer klassischen und einer grotesken Körperkonzeption. Während sich die klassischen Körperdarstellungen durch ein ideales Maßverhältnis auszeichnen, konzentrieren sich die grotesken Körper auf Öffnungen (Mund, Vagina, After, Wunden), Höhlungen (Bauch, Magen, Gebärmutter) und auf alles, was über eine Idealsilhouette hinausgeht (Extremitäten, Brüste, Penis, hervorquellende Augen). Das Groteske ist asymmetrisch und maßlos. (Fuß 2001: 75) Bachtin prägt den Begriff des grotesken Realismus. (Fuß 2001: 76) Der klassische Realismus bildet eine idealisierte Realität ab, während sich der groteske Realismus dem Realen ohne seine Idealisierung widmet. In erster Linie sind die Sexualität, sowie die Ausscheidungsprozesse und –produkte in den westlichen Kulturen die marginalisierten Aspekte des Realen. Merkmal dieser grotesken Motive ist die Verschiebung konventioneller Grenzen, der Übertritt kultureller Normen und die Rezentrierung des Marginalisierten.

Russo assoziiert das Groteske nicht nur mit der Höhle, sondern auch mit dem höhlenartigen anatomischen weiblichen Körper. (Russo 1994: 1) Dieser Vergleich impliziert die Verbundenheit der Frau mit der Erde (Natur) und suggeriert einen positiven und mächtigen Blick auf die Weiblichkeit. Der „Körperabfall" (Blut, Träne, Erbrochenes, Kot), verbunden mit Abscheu und Terror, wird auch mit dem Weiblichen vereint – tief in der Höhle der Abjektion. Russo definiert das weibliche Groteske als geschlechtsneutralen Raum von Risiko und Abjektion. (Russo 1994: 12) „Weiblich" bezeichnet dabei den normabweichenden (grotesken) Körper. Der verdoppelte und gespenstische Körper als Produkt einer monströsen Reproduktion wird dem Mütterlichen zugeschrieben. Freud bezeichnet diesen

Prozess als Verdoppelung, Teilung und Austausch vom Ich. (Russo 1994: 18) Da sich dieser Prozess ständig wiederholt, könnte er auch als eine groteske Repetition betrachtet werden. Genauso ist diese Körperteilung durch „Körperabfälle" auch ein männliches Phänomen. Weiskel behauptet, dass Freud die Bedeutung der Erhabenheit mit grotesker Ironie minderte. (Russo 1994: 32) Russo stellt daher die Frage, ob das Groteske nur eine Form des Erhabenen ist.

Die Wirkung des Grotesken besteht für Schneegans in erster Linie darin, Lachen hervorzurufen. (Fuß 2001: 66) Es entsteht ein ambivalentes – zugleich ein joviales und höhnendes Lachen. Für Bachtin ist die Degradierung des „Hohen" (Erhabenen) das wichtigste Merkmal des Grotesken. (Fuß 2001: 67) Schneegans behauptet, dass burleske und groteske Komik auf der Verspottung beruhen. (Fuß 2001: 66) Durch die Betrachtung des Objekts des Spottes scheint Schneegans der Spott im Fall des Grotesken durch sein Objekt gerechtfertigt, während er ihn im Fall des Burlesken als „Erniedrigung des Hohen" für ungerechtfertigt hält. Das Mittel der gerechtfertigten (grotesken) Verspottung ist die Übertreibung. (Fuß 2001: 68)

Das Groteske spielt laut Leopoldseder ein bewusstes Vexierspiel zwischen den Polen – zwischen dem Realistischen und Phantastischen, zwischen dem Komischen und Tragischen. (Leopoldseder 1973: 13) Das Groteske leistet sich ohne Vorwarnung einen plötzlichen Wechsel der Gestaltungsebenen. Während das Lachen über das Komische befreiend ist, ist das Lachen über das Groteske eher das Lachen der Verzweiflung. (Leopoldseder 1973: 17) Das Groteske stellt den Menschen oft als eine willenlose Marionette dar, welche verschiedene Rollen zugewiesen bekommt. Das Marionettensymbol entwickelt sich aber erst dann zu einem grotesken Motiv, wenn weder die Marionettenwirklichkeit noch die menschliche Wirklichkeit durchgehalten wird. Anorganisches und Organisches gehen dann ineinander über. Dies ist wiederum erst dann möglich, wenn die realistische Gestaltungsebene mit der phantastischen wechselt. (Leopoldseder 1973: 173) O'Connor sieht in dem Grotesken eine Suche nach Bedeutung, welche sich in Hollywood in einen grotesken Traum verwandelt. (Barasch 1971: 162) Das Groteske dient der Hollywood-Filmindustrie als eine Fassade, hinter welcher sich kosmische Sinnlosigkeit verbirgt.

Die Verbote von Mord, Inzest und Kannibalismus sind Möglichkeitsbedingung jeder kulturellen Formation. Ihre Übertretung ist ein entscheidendes Element der grotesken Deformation. (Fuß 2001: 455) Bezogen auf den kollektiven virtuellen Inzest des Fests entwickelt Deridda ein Konzept des „Aufbruchs der Kultur" („brisure") - die Kultur bricht an, indem sie mit der Natur und gleichzeitig mit sich selbst bricht. (Fuß 2001: 467) Die Entstehung der Gesellschaft ist wie eine unfassbare Grenze und wenn man diese Grenze erreicht, wird sie in dem Moment gleichzeitig überquert. In ihr verschiebt sich die Gesellschaft. Genau wie in diesem Konzept wird die Kultur in *Salò* verschoben, verzerrt und dekonstruiert.

Aufbauend auf Deridas Konzept könnte behauptet werden, dass der reale Inzest niemals stattfindet. Das Fest selbst wäre der Inzest selbst. Wenn es überhaupt stattfand, dann kann der Inzest das Verbot nicht bestätigen. Vor dem Verbot ist es kein Inzest – nur durch Verbot kann es zum Inzest werden. Die Menschen befinden sich diesseits oder jenseits der Grenze, in welcher das Verbot mit der Übertretung gegeben wäre. Es ist *so als ob* man einen Inzest begangen hätte. Das Inzestverbot ist die „Brisur" zwischen der Natur und Kultur – ein verborgener Ursprung ihrer Differenz. (Fuß 2001: 468) Derrida wendet sich gegen den Gedanken über die Vereinfachung des Ursprungs durch den Begriff „différance". (Fuß 2001: 160) „Différance" bezeichnet das Unbezeichenbare; sie ist jenseits des identitätslogischen abendländischen Denkens. Das Groteske ist eine Art Annäherung an die Enthüllung der Bedeutung von „différance". Luhmann ist der Meinung, dass Derida gezeigt hat, dass jede Unterscheidung dekonstruierbar ist. (Fuß 2001: 488) Die grotesken Kunstformen zeigen dies laut Fuß seit Jahrhunderten – das Groteske ist letztendlich eine Form der Dekonstruktion. (Fuß 2001: 488)

Das Fest ist auch ein häufig eintretendes groteskes Motiv. Laut Majut lockt das Fest-Motiv den Menschen des Abgrundes weil ihm bewusst ist, dass die Freude nur gespielt ist, und, dass danach notwendigerweise Enttäuschung und Ekel folgt. (Leopoldseder 1973: 178) Die Gäste tragen ihre unsichtbare Masken, welche das Groteske sichtbar machen. Die Feststimmung wird heiter, die Masken ändern sich. Nach dieser Heiterkeit erfolgt der Sturz in den Abgrund. Die heiteren Menschen verwandeln sich in Dämonen, die Hochstimmung wird zum Entsetzen. Der Charakter des Festes wird entfremdet – der Inhalt ist auf einmal nicht mehr das Leben, sondern der Tod.

Auch Essen und Trinken sind groteske Motive – in Form einer maßlosen Übertreibung. Den lustvoll-fröhlichen Aspekt der Übertreibung stuft Bachtin als Effekt einer vom Grotesken bewirkten Befreiung. (Fuß 2001: 77) Das Groteske macht deutlich, dass kulturelle Normen veränderbare Konventionen sind. Das Groteske ist laut Fuß nicht die Ursache, sondern die Folge soziokultureller Veränderungen. (Fuß 2001: 79) Das Groteske löst aber kulturelle Transformationen aus und beschleunigt diese. Jede Innovation ist mit der Destruktion des Alten verbunden. (Fuß 2001: 80)

2.4 Die Verdrängung des Grotesken zum Randphänomen

Die Degradierung zum Randphänomen ist ein bedeutender Bestandteil der kulturellen Funktion des Grotesken. Das Groteske wurde nicht nur in der mittelalterlichen Kirchenkunst verdrängt; es wird auch an den Rand des Forschungsinteresses gerückt. Fuß vertritt die These, dass es Groteske gab, bevor dieser Begriff erfunden war. (Fuß 2001: 30) Er weist auf die Höhlenmalereien von Lascaux, Pergouset und Chauvet hin. Bei diesen bis zu 32.000 Jahre alten Höhlenmalereien können zwei Bildformen unterschieden werden: realistische Abbilder und imaginäre Bilder. Manche Darstellungen weisen eine chimärische Struktur auf und rücken dadurch in die Nähe des Grotesken. Das Groteske kann sich aber nicht nur auf eine ästhetische Dimension beschränken, weil dadurch die Bedeutungsaspekte des Grotesken ausgeblendet werden. (Fuß 2001: 31)

Das Groteske wird nicht nur räumlich und historisch verdrängt; es findet ständig auch eine sprachliche Marginalisierung des Grotesken statt. Im Anschluss an Hegel, betrachtet Rosenkranz das Groteske als eine Ästhetik des Hässlichen, des Gemeinen und des Niedrigen. (Fuß 2001: 54) Mit solchen Bewertungen schwingt eine soziale Marginalisierung des Grotesken mit. Die Marginalisierungstendenzen sind auch in der Moderne erkennbar. Die radikalste Form war die Marginalisierung zur „entarteten" Kunst. Laut Fuß wird das Groteske in der Moderne zum wichtigsten Moment der Kunst. (Fuß 2001: 54) Moderne sei eine groteske Epoche par exellence.

Das Groteske ist die Übertretung der Grenze. Laut Foucault entsteht das Groteske erst im Akt des Grenzübertritts. (Fuß 2001: 55) Da die Übertretung die geschaffenen Grenzen hinter sich lässt, ermöglicht sie deren Veränderung. Die Grenze soll hier als eine „Heterotopie", als eine Gegenplatzierung, verstanden werden. Die Grenzen sind die wirklichen Plätze innerhalb der Kultur – sie sind reale Orte in imaginären Räumen. Solch einen imaginären und realen „Grenzraum" der Gegenplatzierung stellt das Groteske dar. (Fuß 2001: 56) Das Groteske ist laut Fuß der Rahmen der Kultur; ein Grenzraum; ein Niemandsland; ein Zwischengefüge, mit dem sich Kultur umgibt; eine Heterotopie, welche sich eine neue Kulturordnung schafft, um ihren eigenen Ort zu bestimmen. (Fuß 2001: 59)

Die Kultur konstruiert und stabilisiert sich durch die Marginalisierung des Grotesken. Sie wird aber gleichzeitig durch die Rezentrierung des Marginalisierten destabilisiert und liquidiert. (Fuß 2001: 60-61) Das Verdrängte der Kultur ist als Mangel immer im Kulturinneren anwesend. Dieser Mangel entwickelt einen Sog, welcher das Marginalisierte ins Zentrum der Kulturordnung bringt. Die Kulturstruktur wird dadurch ständig über ihre Grenzen hinausgeschoben. Im soziokulturellen Sinne stellt das Groteske die Rückkehr des Verdrängten dar. (Fuß 2001: 61) Im Grotesken geschieht die kreative Subversion einer Konvention, mit dem Ziel, die Kontrollmuster von Wort und Bild zu zerstören, um die Realitätswahrnehmung zu verändern. (Fuß 2001: 62)

Grotesken sind immer die spezifisch neuzeitlichen Bestandteile eines notwendigen und anthropologisch konstanten Elements jeder kulturellen Formation. Unter kultureller Formation ist die Gesamtheit aller symbolischen Ordnungsstrukturen einer Kultur zu verstehen (beispielsweise Sprache, Logik, Moral, Recht, Macht, Wert). Kultur ist prozessual – sie ist der fortgesetzte Prozess ihrer Formation und Transformation. Das Groteske ist ein Grenzphänomen, indem es die synchronen und diachronen Grenzen einer Kulturformation markiert. Es ist ein Medium des historischen Wandels und des Epochenwechsels. (Fuß 2001: 12)

Das Groteske entsteht durch eine virtuelle Anamorphose der symbolischen Ordnungsstrukturen jener Kulturformation, in der es grotesk wirkt. Durch solche verzerrte Abbildungen des Eigenen konstruiert eine Kultur ihr Fremdes. (Fuß 2001: 13) Die Neuformierung einer Kultur geschieht durch die Marginalisierung dieses selbstkonstruierten Fremden. Durch die groteske Rezentrierung trifft Kultur auf ihr Fremdes. Diese Kollision beseitigt die Maske der Unhinterfragbarkeit und die Alternativen werden plötzlich möglich. (Fuß 2001: 14)

Das Groteske verleiht dem fixierten Strukturgerüst der Kulturordnung Flexibilität. Dadurch stellt das Groteske eine Art Opposition zum Klassischen dar. Kulturelle Formation besteht immer aus dem Zusammenspiel der grotesken Dekonstruktion und der klassischen Stabilisation symbolischer Ordnungsstrukturen. Jede Kulturformation muss groteske Dekompositionsinstanzen Integrieren. (Fuß 2001: 15-16) Dadurch kann das Groteske als eine anthropologische Konstante betrachtet werden. (Fuß 2001: 16)

Die Philosophie von Nietzsche bricht durch groteske Elemente mit der identitätslogischen Grundlage der wissenschaftlichen Denktradition. Ähnlich ist es mit der Psychoanalyse und mit dem Poststrukturalismus. (Fuß 2001: 18-19) Das Groteske ist ein Medium des Werdens, nicht des Seins. Die grotesken Gestalten sind imaginär – die Gestalten des Übergangs und der Innovation. Sie befinden sich an den Grenzen einer Kultur. Das Groteske ist ein „Zwischengefüge" kultureller Formationen, ein Medium des kulturellen Wandels. Das

Groteske ist laut Deleuze ein nomadisches Phänomen der Deterritorialisierung und Decodierung. (Fuß 2001: 20) Das Groteske hebt kulturelle Codes zugunsten decodierter Ströme auf. Kulturelle Formationen sind in der Lage, sich selbst zu beenden, um Platz für die Entstehung neuer Strukturen zu schaffen. (Fuß 2001: 28)

3. Abjektion und Körper

3.1 Abjektion – ein groteskes Grenzphänomen?

Der Begriff „Abjektion" bedeutete ursprünglich Elend oder extreme Herabsetzung. Gegenwärtig impliziert die Erforschung der Abjektion, dass die Menschen in der Lage sind, neben der Ratio, auch mit den Körpern zu denken. (Lechte 2003: 11)

In der Gegenwart wird der Begriff „Abjektion" durch Kristevas Buch *Die Mächte des Grauens* (1982) geprägt. Die Abjektion, so Kristeva, enthält die dunklen Revolten im Menschen, welche eine spezielle Art der „Grenzbedrohung" (am Rande des Möglichen, des Tolerierbaren, des Denkbaren) bekämpfen. (Kristeva 1998: 1) Diese Bedrohung kann von Außen oder von Innen (aus dem Menschen heraus) kommen und sie ist nicht greifbar und assimilierbar, obwohl sie sehr nah zu sein scheint. Vom Abjekt beherrscht zu sein ähnelt einem Bumerangeffekt – durch ständige Anziehung und Abstoßung, wird ein „von der Abjektion besetztes Subjekt" buchstäblich außer sich gebracht. Die Abjektion ist etwas Verworfenes, eine Spirale aus Affekten und Gedanken bestehend. Sie ist nicht als Objekt definierbar – das Einzige, was sie mit dem Objekt verbindet ist die Eigenschaft, sich dem „ich" entgegen zu setzen. Das Abjekt ist ein gefallenes Objekt, das die Menschen dorthin bringt, wo der Sinn sich auflöst. Die Abjektion ist ein schwer fassbarer kultureller Ansatz für Grenzerfahrungen und Warnbarrieren. (Kristeva 1998: 2)

Kristevas Betrachtung von Abjektion als eine düstere und schwer greifbare Grenzbedrohung weist auf die Ähnlichkeiten mit dem Phänomen des Grotesken. Vielleicht ist die Abjektion ein Entré für die groteske Welt, vielleicht ist sie Bestandteil jeden grotesken Phänomens. Abjektion ist aber auf jeden Fall fassbarer (an der körperlichen Reaktion und an der Beschreibung des Erlebten) im Vergleich zum Grotesken. Daher betrachte ich die Abjektion als einen Unterbegriff des Grotesken, welcher sich als exponiertes groteskes Randphänomen für ein besseres Verständnis des Grotesken hervorragend eignet.

Zum Begriff der Verdrängung fügt Freud zwei weitere Begriffe zu – Verneinung (welche auf das Objekt zielt) und Verwerfung (die das Begehren berührt). Laut Kristeva bleibt das Unbewusste im Fall der Abjektion ausgeschlossen – ohne eine Möglichkeit zwischen dem Objekt und Subjekt zu unterscheiden, aber mit Einnahme einer Position der Abwehr. (Kristeva 1998: 8) Der Raum, in dem sich ein Ausgestoßener (durch den das Abjekt existiert) befindet, ist nicht homogen oder ganz, sondern teilbar und abgründig. Der Ausgestoßene konstruiert ständig fließende Grenzen seines Universums, ist aber letztendlich ein Verirrter. Je größer seine Verirrung ist, desto wahrscheinlicher ist seine Rettung, da er aus der Verirrung in einer ausgeschlossenen Ebene seine Lust *(jouissance)* bezieht. (Kristeva 1998: 9-10) Er trennt sich vom Abjekt, dass für ihn ein ins Gedächtnis zurückgerufenes Territorium des Vergessens, einen magnetischen Anziehungspol der Begierde, darstellt. Die Abjektionszeiten sind die Zeit des Vergessens (das verschleierte Unendliche) und die Zeit des Donners (der Augenblick, in dem die Erkenntnis explodiert). Allein die Lust lässt das Abjekt existieren, da sich der Verirrte als Äquivalent eines unbestimmten Dritten fühlt. (Kristeva 1998: 10) Von der These ausgehend, dass das Abjekte das Subjekt gleichzeitig erregt und vernichtet, kann man davon ausgehen, dass das Abjekte den Höhepunkt erreicht, wenn das Subjekt entdeckt, dass das Unmögliche sein Wesen (abjekt) selbst ist. (Kristeva 1998: 5) Aus solcher „Selbstabjektion" hat die christliche Mystik den höchsten Beweis der Demut vor Gott gemacht. Die Abjektion wird stark durch das Nichterkennen des Nächsten und Verwandtesten. (Kristeva 1998: 6) Das Abjekte lebt im einem Masochisten, während er sich einem Sadisten unterordnet.

Abjektion ist die Kehrseite des Symbolischen – alles was das Symbolische ablehnen, bedecken und beinhalten muss. Das Symbolische braucht die Grenze, um das Subjekt vor der zeichengebenden „Verfolgungsjagd des klaffenden Abgrunds" zu schützen. Das Abjekt lockt das Subjekt immer näher an sein Rand, womit das Bestehen auf Subjekts Bindung zum Tod, zur Animalität, zur Materialität betont wird, und eine Situation entsteht, in der sich das Subjekt wiedererkennt und den eigenen Körper ablehnt. Durch das Abjekt wird deutlich, dass die klaren Grenzen (zwischen rein und unrein, echt und unecht, Ordnung und Unordnung) eine Illusion sind. Abjektion ist eine schwammige Grenze aller Ambiguitäten. Sie ist die Voraussetzung des Bewusstseins, dass Grenzen als eine Folge des Begehrens sozial projiziert werden. (Gross 1990: 90) Sie ist die konkreteste Brücke zur noch abstrakteren und allgemeineren Welt des Grotesken. Abjektion ist sowohl die Trennung des Subjekts von seinem Körper, als auch die Verschmelzung von Ich und Nicht-Ich. Sie ist die Voraussetzung der Kastration, die wiederum ein Versuch vom Bedecken und Ausstoßen ist. Abjektion entsteht vor der Gründung der binären Widerstände und unterscheidbaren Kategorien, vor jeglicher Sprache. (Gross 1990: 92-93)

Die Nahrungsabscheu ist laut Kristeva vielleicht die wichtigste und archaischste Abjektionsform. (Kristeva 1998: 2) Ekel des Kindes vor einem Nahrungsmittel, trennt das Kind von den Eltern. Das Kind stößt diese Form des Begehrens aus, und in der Relation Begehren – Speise findet eine Vereinigung des Kindes mit dem Essen statt. Das Kind stößt sich selbst aus – es befindet sich im Prozess, auch um den Preis des eigenes Todes, etwas anderes zu werden. Durch dieses „ich-werden" entbindet sich das Kind in gewaltsamem Schluchzen und Erbrechen. Die „Körperprodukte" (Blut, Eiter, Erbrochenes, Fäkalien) sind für das Leben nur noch als Todesdrohung erträglich. (Kristeva 1998: 3) Der Kadaver (das unwiderruflich Gefallene, Kloake und Tod) ist der Höhepunkt der Abjektion. Er ist das Zusammengestoßene, etwas wovor sich kein Körper schützen und wovon sich kein Körper trennen kann. Abjektes Wesen steht zuerst an den Grenzen des Lebens, die in Form der schrecklichsten aller Abfälle, des Kadavers, alles erfasst haben. Der Körper, nach Verlust eigener Abfälle fällt insgesamt über die Grenze (den Kadaver) – „ich" wird ausgestoßen. Der Kadaver wirkt als imaginäre Fremdheit und reale Bedrohung zugleich, welche die Menschen ruft und verschlingt. Das Abjekt entsteht durch die Störfaktoren einer Identität, eines Systems – es ist das Dazwischen, das Zweideutige, das Vermischte; es ist unmoralisch, finster, heimtückisch. Für Kristeva erreicht die Abjektion (im Fall der Verworfenheit des Naziverbrechens) ihren Höhepunkt, wenn der Tod das Opfer mit dem verschmelzen lässt, was das Opfer auf der „lebendigen Seite der Grenze" vor dem Tod schützen soll. (Kristeva 1998: 5)

Meine These ist, dass sich die Abjekttheorie für die Entwicklung der Groteske-Forschung hervorragend eignet. Während „grotesk" alles sein kann, was für Individuen als grotesk erscheint, Abjektion äußert sich in der physischen Reaktion – daher ist ein Konsens über „das Abjekte" möglich. Die Abjektion hat einen niedrigeren Abstraktionsgrad als das Konstrukt des Grotesken; sie ist greifbarer, nachvollziehbarer; sie ist eine Art des vermenschlichten Grotesken; ein groteskes Leiden an der Grenze zwischen Natur und Kultur, an der jeder Bezug zum Raum, zur Zeit aufgelöst zu sein scheint.

Die Abjektion ist eine durch Ambiguität gekennzeichnete Grenze, weil sie das Subjekt von der Bedrohung trennt und es zugleich in ständiger Gefahr hält. (Kristeva 1998: 11) Dies ist die Grenze der Urverdrängung, welche sowohl die körperliche, als auch die signifikante Markierung gefunden hat – sie ist Symbol und Zeichen. (Kristeva 1998: 13) Das Abjekte treibt die Kinder, sich von der mütterlichen Entität los zu lösen. Im Vergleich zum Phallus (Vater), wirkt die Mutter nicht wie jemand, der dazu geeignet wäre, das entstehende Subjekt (Kind) bei der Unabhängigkeit zu unterstützen. Dafür hat die Mutter keinen Grund, da ihr das Kind als Indiz ihrer eigenen Authentizität dient. Der Vater stellt für das zukünftige Subjekt eine Hoffnung dar, die ihm hilft, den Anteil der Mutter zu bekämpfen, welcher zum Abjekt wird. (Kristeva 1998: 15) Die Abjektion ist auch eine Voraussetzung für das Entstehen des Narzissmus. Sie ist eine Art Krise des Narzissmus und verleiht ihm einen Status als „Schein". (Kristeva 1998: 16-17)

Der Raum kann ohne Subjekt nicht repräsentiert werden; das Subjekt kann es ohne Raum nicht geben. Eine Grenze determiniert das Subjekt. Dies ist im Spiegelstadium beobachtbar – eine Gestalt wird geschaffen; eine Matrix als das Haus des neugeborenen Egos. Eine unsichere Grenze, eine „Urabgrenzung" entsteht. In Hinsicht auf Kristevas Interpretationen und deren Verknüpfung mit der Geometrie (Wissenschaft der Grenzen), könnte man feststellen, dass der Ursprung der Geometrie in der Abjektion zu finden ist. Konzeptionell füllt Abjekt die Lücke zwischen Objekt und Subjekt. In der Subjektgeschichte ist Abjekt entscheidend für das Entstehen dieser Zweiteilung – Abjekt steht hinter der treibenden Kraft des Subjekts bei seinem Entstehen, beim Verwandlungsakt, bei der Vertreibung von allem, was nicht mehr enthalten werden darf. Das erste Objekt der Abjektion ist die vor-ödipale Mutter – sie positioniert die Frau in der Gesellschaft, in der patriarchalischen Gesellschaft. Sie ist ewig an der Grenze, am Rande, am Ort der Verwandlung von der Ordnung ins Chaos, vom Licht in die Dunkelheit. (Burgin 1990: 115) Eine solch periphere und ambivalente Stellung der Frau führte laut Kristeva zur familiären Trennung des Repräsentationsraums, innerhalb welcher die Frau weder heilig noch dämonisch ist, weder zur Hexe, noch zur Beschützerin wird. (Burgin 1990: 115-116) Auch hier sind die Parallelen zum Grotesken *weder-noch* und *sowohl-als-auch* nicht zu übersehen – es scheint, dass das groteske Phänomen in der Abjektion seine konkreteste Form findet.

Das Gefühl der Abjektion, dass im Über-Ich verankert ist, ist der Perversion verwandt. Das Abjekte verfälscht, verdeckt – es ist korrupt und pervers, da es die Regeln weder aufgibt noch respektiert. (Kristeva 1998: 18) Die Korruption ist die verbreitetste, sichtbarste und sozialisierte Form des Abjekten. (Kristeva 1998: 19) Die Abjektion wohnt auch allen religiösen Konstruktionen inne – in dem Zusammenhang tritt sie hervor, wenn neue Konstrukte nötig sind. Mehrere Katharsisformen des Abjekten konstituieren die Geschichte der Religionen. Eine vollendete Katharsisform ist aber die Kunst selbst. So betrachtet ist die künstlerische Erfahrung als wichtiger Teil der Religiösität dazu bestimmt, die wechselnden Religionsformen zu überdauern. (Kristeva 1998: 21)

Proust behauptet, dass das reale Objekt des Begehrens nur von dem unmöglich zu befriedigenden Abjekten gestützt werden kann. (Kristeva 1998: 25) Dabei unterwirft sich das Liebesbegehren einer unmöglichen Identität, die wie eine Narzissmuspanne dazu zwingt, den anderen ausschließlich im selben Geschlecht zu finden – die Wahrheit der abjekten (verworfenen) Sexualität in der Homosexualität zu erfahren. (Kristeva 1998: 25-26)

Das Abjekt ist laut Kristeva das Produkt eines Abspaltungsprozesses (Abjektion). (Tischleder 2001: 70) Die dadurch entstandene Abscheu erinnert daran, dass die Integrität des *Ich* darauf basiert, die schmutzigen, amorphen und instabilen Teile körperlichen Lebens zu desavouieren oder zu beherrschen. Die Abjektionsgefühle sind, so Kristeva, historisch und kulturell determiniert. (Tischleder 2001: 70) Abjektion ist ein universelles Phänomen, das sich in unterschiedlichen Kulturen spezifisch ausformt und den Symbolsystemen (sprachlichen, religiösen, rituellen) zu Grunde liegt. (Tischleder 2001: 73) Creed nutzt Kristevas Abjekttheorie um zu zeigen, dass sich der Horrorfilm den besonderen Abjektkitzel zunutze macht. (Tischleder 2001: 78) Dies geschieht durch Ekel und Entsetzten als Reaktion auf Desintegration zwischen Innen und Außen – auf Verletzungen der Haut und durch das Sichtbarwerden des Körperinneren. (Tischleder 2001: 79)

In der Orgie de Sades sieht Kristeva nichts Verworfenes, Maßloses oder Unbenennbares (Kristeva 1998: 26) Seine Philosophie sei rational und optimistisch – daher schließe sie nichts aus. Sie sei der anthropologische und rhetorische Höhepunkt des Atheismus. (Kristeva 1998: 27) Für Pasolinis letzten Film, welcher zum großen Teil auf dem Roman de Sades *Die 120 Tage von Sodom* (1785) beruht, gelten meiner Meinung nach andere Regeln. In *Salò* herrscht eine Ideologie der maßlosen Übertreibung in einem isolierten Raum, in welcher eiskalte, kristallklare, geometrische Filmsprache durch abjekte Leere die Ausmaße der grotesken Unendlichkeit nur ahnen lässt.

3.2 Die Paradoxie der Körperlichkeit

Tischleder beobachtet, dass auch das Groteske, Komische, Hässliche, Unheimliche, Blutige und Widerwärtige ein häufiges Motiv von Kinobildern darstellt. (Tischleder 2001: 11) Der Körperkult hat sich zu einem zentralen Gegenstand der Kulturwissenschaft entwickelt. (Tischleder 2001: 12) Tischleder begründet solche Entwicklung mit der Behauptung, dass sie eine Antwort auf ein Unbehagen ist – eine Reaktion auf die prekäre Körperrolle, entstanden durch immer abstraktere und distanziertere Körperlichkeit in der Relation mit Lebensbedingungen und Denkweisen. (Tischleder 2001: 13) Die durch Butler entzündete Körperdebatte in den neunziger Jahren stellte die Materialität des Körpers in Frage. Vinken meint, dass der Stoff aus dem die Körper sind, nicht die Biologie, sondern die Zeichen sind. (Tischleder 2001: 17) Die Frau, so Butler, als beunruhigendes Zeichen, kann als versetzter Mutterleib, als das vergebliche und ewige Versprechen, die vor-individuelle *jouissance* wieder zu bekommen, betrachtet werden. (Butler 1991: 77) Lacan vergleicht die Heterosexualität mit der Komödie, indem er behauptet, dass die gezwungene Inszenierung der Frauen, der Phallus (männliches Lustobjekt) zu sein, zwangsläufig zur Maskerade wird. (Butler 1991: 79) Nach Butler kann in diesem Zusammenhang die Maskerade entweder als performative Hervorbringung einer sexuellen Ontologie, oder als Verneinung eines weiblichen Begehrens verstanden werden. (Butler 1991: 79-80)

Laut Butler sind Materialität und Semantik der Körper ständig miteinander verbunden – die Bedeutung des Körpers konstruiert sich aus dem Stofflichen als Prozess sukzessiver Materialisierung, wobei sich sie soziale Genese physischer Körper immer innerhalb kultureller Codes befindet. (Tischleder 2001: 26) Die Körper werden in einem langwierigen Prozess konstruiert, in welchem die performative Wiederholung von Normen Materialität als Effekt hervorbringt. Für Butler ist Performativität eine rituelle Praxis und kein autonomer Akt der Selbstinszenierung. (Tischleder 2001: 30) Jeder Sprechakt ist zugleich eine performative Äußerung, durch welche eine Handlung vollzogen wird. Derrida ist der Meinung, dass ein Sprechakt gelingt, indem die Wiederholung eines Musters, eine rituelle Formel vollzogen wird. (Tischleder 2001: 30-31) Aus dieser Sicht ist die Wirksamkeit eines Sprechakts durch das Echo einer schon etablierten Konvention verursacht. (Tischleder 2001: 31)

Die Rationalisierung, Individualisierung und Psychologisierung, so Tischleder, sind die Hauptmerkmale gegenwärtiger Zivilisationsentwicklung. (Tischleder 2001: 81) Die Folgen sind die Fragmentierung, Widersprüchlichkeit und Abstraktion moderner Lebensweisen, welche das Verhältnis der Menschen zum eigenen Körper entscheidend prägen. Die zentrale Frage ist, inwiefern Entkörperlichung mit einer immer komplexeren und funktional differenzierten westlichen Gesellschaft zusammenhängt. Die Relation zwischen der Transformation der Körper und Sexualität einerseits, und Zivilisationsentwicklung andererseits ist ein zentrales Thema der Kulturtheorie. (Tischleder 2001: 84) Adorno meint, dass die Tabuisierung des Körperlichen für jede Zivilisation kennzeichnend ist, was wiederum auf Freuds These über das unausweichliche „Triebschicksal" des Kulturmenschen verweist. (Tischleder 2001: 84-85) Für Freud sind Trieb und Zivilisation Gegensätze – der Mensch ist von Natur aus asozial, triebgesteuert und auf der ständigen Suche nach spontanen Befriedigungen. (Tischleder 2001: 85) Die Gesellschaftsbildung sei nicht auf soziale

Charakteristika des Menschen zurück zu führen; die Gesellschaft entstehe in erster Linie aus dem Selbsterhaltungstrieb des Individuums gegenüber der inneren und äußeren Natur. Die Zivilisation, so Freud, geht mit Triebverzicht und Sublimierung einher, wodurch sich die unbehagliche und fragile Basis der Kultur bildet.

Freud behauptet auch, dass die Form des Egos eine physische Projektion der erogenen Fläche des Körpers ist. (Gross 1990: 82) Er weist weiter auf den Isomorphismus zwischen dem (erotischen) Zusammenhang des wahrgenommenen Körpers und der Egogrenzen – bei jeder Veränderung der Erogenität der Organe geschähe parallel die Veränderung der Erogenität des Ego. Das Ego wird hauptsächlich durch Gefühle an der Körperoberfläche geführt. Daher kann Ego als mentale Projektion der Körperoberfläche betrachtet werden, als Oberfläche des mentalen Apparats. Für Lacan hängt die Entwicklung des infantilen Egos von der Fähigkeit ab, sich im Spiegelbild als körperliche Einheit zu erkennen. (Gross 1990: 83) Das befremdliche Spiegelbild wird erst in der inneren Konfliktladung des Subjekts fassbar, wodurch das Begehren des Subjekts für das Begehrensobjekt anderer entsteht. In diesem Moment bildet sich das Ursprüngliche und löst sich in ein aggressives Konkurrenzdenken aus, woraus die Dreierkonstellation – die Anderen, das Ego, das Objekt – entsteht.

Die Starrheit der fantasmatischen *Ichbildung* assoziiert Lacan mit Bildlichkeit allgemein, konkreter auch mit einem Relief oder Standbild. (Tischleder 2001: 52-53) Das *Ich* erhält im Erwachsenenalter ein verzerrtes Antlitz eines zerstückelten Körpers, der bedrohlichen Leiblichkeit. Der Körper erscheint dann, so Lacan, in Form losgelöster Glieder, „geflügelter und bewaffneter Organe", ähnlich wie in der visionären Malerei von Hieronymus Bosch. (Tischleder 2001: 53) So eine Körperform ist greifbar im Organischen selbst – an den Bruchlinien (zum Beispiel Falten) und in hysterischen Spaltungs- und Kraftsymptomen. Die Quelle der Phantasien von Körperdesintegration liegt laut Lacan in der „Vorzeitigkeit der menschlichen Geburt" und dadurch verursachten „anatomischen Unvollendetheit" in früher Lebensphase.

Schritt für Schritt verstricken sich durch Abjektion die Körperprozesse in Zeichenprozessen, deren Bilder, Wahrnehmungen und Gefühle sich verbinden und im Signifikat (dem Bezeichneten) dargestellt werden. (Gross 1990: 86) Abjektion ist eine Reaktion auf das Erkennen einer unmöglichen aber nötigen Transzendenz des Subjektkörpers und seinen verunreinigten Elementen der unkontrollierbaren Materialität. (Gross 1990: 87-88) Sie ist eine Antwort auf verschiedene Körperzyklen der Einfügung, Aufnahme, Erschöpfung,

Vertreibung; auf Zyklen materieller Revitalisierung und Konsumption, auf alle Zyklen welche notwendigerweise „das Abjekt", das schon unfähig für jegliche soziale Anerkennung ist, weiter zu schädigen. Sie ist eine Folge der Reise der Körpergrenzen des Kindes durch die Zirkulation der sozial inakzeptablen Triebe und Rhythmen der Eingliederung und Verlegung, welche wiederum die Existenz sichern. Laut Lacan bilden Geschlechtsorgane und erogene Zonen eine Randform, welche den Raum zwischen zwei Körperoberflächen; die Schnittstelle zwischen dem Körperinnerem und –äußerem darstellen. (Gross 1990: 88) Diese Körperstellen sind eine zur Verfügung gestellte Grenze (Schwelle) zwischen dem Körperinneren und –äußeren – sie stellen das Objekt für das Subjekt dar. Abjektion geschieht, wenn der Rand durch das Objekt nicht adäquat besetzt wird. Die so neu entstandene Lücke ist ein für die Identität des Subjekts bedrohliches Loch, das lieber Subjekt als Objekte absorbiert.

Schwangerschaft ist, ähnlich wie Abjektion, ein Grenzphänomen, dass hinter den Kulissen neue Identitäten schafft. (Gross 1990: 95) Die Mutterschaft ähnelt dem Abjekt – es geht um teilen, vereinigen, zusammen kommen, zersplittern von mehreren körperlichen Prozessen, wobei das Subjekt das Geschehen nicht kontrollieren kann. Die „Fraumutter" empfindet durch ihre Mutterschaft keine neue Identität – sie befindet sich in der Klemme zwischen Kultur und Natur. Durch die Schwangerschaft sind die Masken gefallen – erst dann wird die schwache Identität der Frau (des Subjektes) deutlich. Die schwangere Frau ähnelt dem Raum – sie ist Behälter, Materie, Milchgeberin, Erzieherin; sie wird zum Teilobjekt mit ergänzender Funktion. Als Mutter wird die Frau zum Monitor, auf dem das Verlangen des Kindes projiziert wird und Bilder eingeimpft werden. In diesem Sinne existiert die Frau gar nicht. (Gross 1990: 96) Auch für Kristeva stellt die Mutterschaft keine „Frauenfunktion" dar – sie ist ein organischer, sozialer und vorbezeichneter Zeitraum; eine körperlose und für die Frau unspezifische Funktion. (Gross 1990: 97) Die Mutterschaft könne auf die Frau nicht zurückgeführt werden, da die „Frau" nicht existiere. Laut Kristeva ist „Frau" eine essenzielle Kategorie. Für Lacan ist sie nicht mal das – Die Frau sei in der Tat die Projektion der Perfektion des Mannes, welche durch männliche Phantasie entstehe. (Gross 1990: 97) Lacan beschuldigt den Feminismus, welcher mit der Existenz der Identität argumentiert, dass er eine Art naiver Romantik (als Gegensatz zur Phallokratie) wieder belebt.

Foucault beschreibt eine entkörperlichte Ökonomie des Körpers, wobei der Adressat der neuen Disziplinierungsmaßnahmen eher die Psyche als der Körper ist. (Tischleder 2001: 89) Dadurch verlagert sich die gesellschaftliche Macht von außen nach innen – sie wird internalisiert und psychologisiert. Die fortschreitende Industrialisierung und in jüngster Zeit die Digitalisierung beschleunigen den Prozess der Entkörperlichung und verändern gewaltig die körperlichen Alltagsrituale. Im ökonomischen Bereich ist oft die Rede von einem (auf der Ebene organischer, psychischer und kultureller Bedürfnisse) konsumierenden Körper. Die Rationalität der Ökonomie spiegelt sich auch durch ihren Anschluss an den Körper. (Tischleder 2001: 92) Die Entkörperlichung ist nicht nur das Schicksal des Körpers, sondern auch der Medien – durch Anonymisierung, Abstraktion und Entkörperlichung der Kommunikation. Paradox ist, dass der Körper die Basis medialer Wahrnehmung ist, dass er aber in einer Medienrezeption oft erst als kranker oder schmerzender Körper bewusst wahrgenommen wird. (Tischleder 2001: 98)

3.3 Phallus, Anus und Repression

Um Lacans Konzept des unbewussten Kastrationskomplex zu verstehen, muss man bedenken, dass Kastration zugleich eine vitale Steigerung der sexuellen Differenzierung und tödlicher Verlust dieser Differenzierung bedeutet. (Thomas 2008: 46) Laut Dean sind die Fäkalien (und nicht der Phallus) im Lacanschen „Modell des subjektiven Verlustes" das genderunspezifische Objekt. (Thomas 2008: 47) So betrachtet verliert Lacans „Phalluskonzept" an Bedeutung - es ist umstritten, ob Männer und Frauen den Phallus vermissen, aber in der Tat ausscheiden alle Menschen die „Objekte" aus dem Anus.

Die Frage ist, ob der exponierte Phallus nicht eher einen rektalen als einen vaginalen Entladungsort aufsucht. Dean behauptet, dass der Phallus viel mehr eine Metapher für Scheißhaufen, als für Penis ist. (Thomas 2008: 36) Er schreibt weiter, bezogen auf „Lacans Kastration", dass der Phallus nicht die einzige Größe für die Beschreibung des Verlustes durch Kastration ist. Wie Zizek erwähnt, ist das *objet petit a* nur die erste Instanz des analen Objekts. (Thomas 2008: 37) Lacan beschreibt das *objet petit a* als das Auftauchen der Verleugnung in der formalen Struktur. Die Keuschheit des Scheißhaufens im Vergleich zum Phallus zeichnet sich durch ständigen Verlust von Kot aus. Die Folge wäre die konfrontierende Relation des Subjekts zum eigenen Kothaufen. Lacan lehrt, dass die Äußerungen viele sexuelle Bedeutungen haben können; dass die sprachlichen „Abfälle" sowohl fäkal, als auch phallisch sein können; dass das symbolische Scheitern ein realer Durchfall ist; dass die animalische (infantile) Weigerung das wirkliche anonyme Reale darstellt – aber auch, dass alle vermenschlichten Exkremente Abfall des Autorenwerks sind. (Thomas 2008: 38)

Bersanis zentrale Einsicht bezieht sich auf das Rektum, als die Stelle der radikalen Entsubjektivierung. (Thomas 2008: 53) Empfänglicher männlicher analer Erotismus dient als Metapher der Erniedrigung der Sexualität – er metaphorisiert also die radikale Degradierung, ein überschwängliches Wegwerfen des hyperbolischen (überbetonten) Egos, welches wiederum mit den Schwellungen der konventionellen phallischen Männlichkeit eng verbunden ist. Falls Phalluswachstum und Anusverengung ein Rahmen für heterosexuelle Männlichkeit ist, dann ist dies laut Thomas zugleich eine sexuelle Besonderheit und metaphorische Allgemeinheit. (Thomas 2008: 55) Dieser Zustand könne sich durch phallischen Respekt und anale Öffnung auflösen – durch bildliche und buchstäbliche Penetration mit welcher heterosexuelle Männlichkeit zu konfrontieren sei. (Thomas 2008: 55-56) Nur die Idee eines „Arschficks" kann laut Bersani für die Abschaffung der gegenwärtigen Männlichkeitshegemonie ausreichend sein. (Thomas 2008: 67)

Zizek ist der Meinung, dass das Lacansche Reale kein stabiler Refernt des symbolischen Prozesses ist, sondern eher seine völlig unbedeutende und inhärente Grenze – ein Punkt des Scheiterns, eine Lücke zwischen der Realität und ihrer Symbolisierung. (Thomas 2008: 30) Lacans „primordiale Unterdrückung" vom Ding (vom vor-symbolischen, inzestösen Ding des Realen) ist, so Zizek, genau das, was die Universalität als leeren Raum schafft. Das *objet petit a* stellt die Reste der *jouissance* innerhalb der symbolischen Ordnung dar. Die Notwendigkeit der „primordialen Unterdrückung" zeigt, warum man zwischen dem Ausschluss des Realen (und damit dem Zugang zum leeren Raum des Universums) und nachfolgenden „Eroberungskämpfen um den leeren Raum" unterscheiden soll. Zizek grenzt den universellen Raum durch dialektische Schwingungen ein – Raumöffnung, Raumbesatzung, Raum füllen, Raum leeren – und stellt dabei eine politische Frage – wie taucht durch solch gewaltige Prozesse der Unterdrückung, des Ausschließens der universelle Rahmen auf? Zizek findet das Politische im Lacanschen Realen in der Tatsache, dass die „Stange der Unmöglichkeit" (das Reale) nicht primär das Subjekt durchquert, sondern das große Andere selbst (sozio-symbolische „Substanz" in welcher das Subjekt konfrontierend verankert ist). Das Reale ist Lacans Ausdruck für den schrecklichen Abgrund der ultimativen und radikalen Freiheit des Subjekts – Freiheit, welche ihren Raum durch Inkonsistenz und Mangel des großen Anderen aufrecht erhält. (Thomas 2008: 31)

In seiner Kritik der „Repressionshypothese" betont Foucault, dass von einer christlichen Sexualmoral keine Rede sein kann, da die wichtigsten Entwicklungen in fernerer Vergangenheit verwurzelt sind. (Foucault 1984: 38) Zwischen der hellenistischen Zeit und Aurelius Augustinus passierten bezüglich der Reflexion über das Sexualverhalten große Veränderungen (wie z.B. die Entfaltung eines stoisch-zynischen Bewusstseins bei der Organisation des Mönchwesens). Das Verbot der Homosexualität in der Vergangenheit hat einerseits die Abspaltung der Sexualität von den affektiven Handlungen beschleunigt, und andererseits das homosexuelle Leben einem rationalen Kalkül unterworfen. Die heimlichen Handlungen entwickeln eine sehr gute Organisationsstruktur, um Gefahren zu minimieren und Erfolge zu optimieren. Die Konsequenzen für Homosexualität sind die zeitliche und räumliche Isolierung des Geschlechtsaktes, die Beschränkung der ihm vorausgehenden Rituale, die Beendigung der Beziehung nach dem Sex, sowie der Aufbau eines spezifischen Kommunikationssystems. Zugleich werden die Investitionen minimiert und Orgasmusgewinne maximiert. (Pollak 1984: 57)

4. Die Anwendung der theoretischen Konzepte im Film

4.1 Filmsprache – eine „Grotesksprache"?

Laut Pasolini gründen die poetischen Erfindungen der literarischen Ausdrucksweisen auf eine allgemeinbesitzende Sprache, während die Sprache des Films keine klare Basis besitzt. (Pasolini 1971: 38) Die literarische Sprache dient der Verständigung; die Kommunikationsmöglichkeiten des Films sind willkürlich und abweichend. Die Bildersprache sei eine reine und künstliche Abstraktion, womit auch der Film aus nichtssagenden Zeichen bestehen sollte. Da das Medium Film jedoch eine verständliche Sprache spricht, muss er aus allgemeinverständlichen Zeichen bestehen. Das linguistische Filminstrument ist ein irrationaler Akt – ein Wörterbuch der Bilder gibt es nicht. (Pasolini 1971: 39-40) Der Film ist onirisch – er lebt aus dem Unterbewusstsein der Traumwelt – durch Elementarität seiner Archetypen und durch den Vorgang eines prägrammatikalischen Zustands der Objekte (Symbole der visuellen Sprache). (Pasolini 1971: 42) Im Menschen existiert eine ganze Welt, die sich meistens durch Bilder ausdrückt. So ist auch jeder Erinnerungsversuch und jeder Traum eine Folge von Bild-Zeichen (eine Filmsequenz). Die visuelle Kommunikation der Filmsprache wirkt durch die technischen Möglichkeiten roh und animalisch – sie steht an der Grenze des Menschlichen. (Pasolini 1971: 39) Daher ist die Filmsprache, ähnlich wie das Groteske an der Grenze einer Kultur, die Übertretung dieser Grenze, ein Zwischengefüge, ein Medium des kulturellen Wandels.

Die wichtigsten Merkmale des amerikanischen Groteksfilms der Dreißiger Jahre des letzten Jahrhunderts sind fröhliche Musik, vorher gewusstes Happy-End und eine Dauerkonfrontation mit vielen Bedrohungen. (Lindner 2005: 162) So wirkt z.B. im Zeichentrickfilm *Camping Out* (1934) die Sequenz bedrohlich, in der sich die Mücken in feindliche Flugzeuge verwandeln und das Zelt durchbohren. Die Schrecken im Groteskfilm appellieren an kollektive Katastrophenszenarien, wodurch Traumata wieder belebt werden. (Lindner 2005: 163) Benjamin verweist auf die Filme von Disney und Chaplin und behauptet, dass die dadurch medial erzeugten Spannungen, mit ihren psychotischen Zügen, gegen Massenpsychosen wirken. (Lindner 2005: 165) Einige Filminhalte sind eine Art psychische Impfung, indem das Zeigen von sadistischen Phantasien und sadomasochistischen Wahnvorstellungen deren Heranreifen in der Gesellschaft verhindert. Impfung stellt bei den amerikanischen Groteskfilmen, laut Benjamin, einen ästhetisch erzeugten und künstlich beschleunigten Ausbruch von Massenpsychosen dar, welche sich gegen den Krieg, Stalinismus und Faschismus richtet. Im Kinosaal, einer Infektionsanstalt, bewirkt das kollektive Gelächter eine therapeutische Sprengung des Unbewussten. Die Sprache der Groteskfilme und dadurch entstandene Schocks korrespondieren mit den politischen Spannungen in der Zwischenkriegszeit. Die anarchischen Protagonisten des Groteskfilms senden die Botschaft, dass die Massen ihren Diktatoren entfremdet werden sollen – sie sind ein effektives Instrument der Entkollektivierung. Die amerikanischen Groteskfilme sind ein gutes Beispiel für die Spaltung und Wiedervereinigung; Dekonstruierung und Rekonstruierung; Deterritorialisierung und Reterritorialisierung; Liquidierung und Neuentstehen von Elementen einer kulturellen Ordnung.

Brownings Filmsprache ist wie eine „schleichende Folterkammer", ein Ort der Dunkelheit, der Hinterhältigkeit und des Todes. Browning ist, wie Poe, der Gründer der „Ehe" zwischen Mysterium und Gothik; er besitzt eine dunkle Vision, in welcher Realität, Imitation und Groteske eine Einheit bilden. Das Makabere und Groteske sind nur ein Teilchen der „schrecklichen Schönheit", der morbiden Romantik, in welcher Poe, Browning und französische Symbolisten und Surrealisten ihren Ausdruck finden. (Herzogenrath 2008: 1)

Die Vergeltungsszene in Brownings Film *Freaks* (1932) erinnert an das Auftauchen von Elementarteilen und symbolisiert laut Herzogenrath die Verbindung zwischen Kinogeburt und Materie. (Herzogenrath 2008: 2-3) Die Freaks schleichen sich aus dem Schlamm hinaus – sie sind nur als Schatten in stürmischer Nacht zu sehen. Sie sind schwer bewaffnet, gewalttätig, mächtig und dienen als Metapher für ein vor-organisches Rudiment. Sie krabbeln und rutschen im Schlamm und verwandeln sich in Tiere. Das autonome Subjekt löst sich auf, die Komposition von anorganisch lebenden Packtieren formiert sich. Durch die fehlende organische Organisation werden die Grenzen des Organismus vergessen und die entstandene Vielzahl kann keine Einheit bilden – die Elementarteichen bleiben getrennt. Freaks-Körper sind im ewigen Prozess des Entstehens, der Verwandlung. Sie ignorieren die geschlossene, flache und unüberwindbare Körperoberfläche und betrachten sie als Entstehungsprozess, als Teil des Ganzen. Ihre Körper sind keine göttliche Schöpfung – sie tauchen als dezentrierte und dynamische Vielzahl, als gestaltlose und undifferenzierbare Flüssigkeit aus dem Schlamm auf. Diese filmische Vision metaphorisiert die Geburt der Materie, mitten im Sumpf, und erinnert gleichzeitig an die Geburt des Mediums Film. (Herzogenrath 2008: 3)

Freaks sind für Browning die Protagonisten mit grotesken Körpern seines Filmuniversums

– sie sind die Verkörperung der distanzierten Untersuchung des Anders-denkenden. (Herzogenrath 2008: 4-5) Herzogenrath meint, dass dadurch zugleich die Vorstellungen von Moralkonventionen getestet werden. (Herzogenrath 2008: 5) Damit ist die Frage, was kann der Körper alles machen, direkt mit der Frage, was kann der Geist alles denken, verbunden. Die beiden Fäden nähern sich in Brownings Filmsprache an. Die Obsession mit Groteskem, Abnormalem, Deformiertem am Rande der Kultur und kulturell konstruiertem Humanismus ist mehr als Brownings Zaubertrick – hier wird ein Versuch der Entschlüsselung von kulturellen Vorgängen, Abgründen und allem Gegenüberstehenden vorgenommen.

Brownings Film *Freaks* ist, so Brinkema, eine Geschichte über die Entwicklung des Fetisch. (Brinkema 2008: 159) Der Körper und das Sexualverhalten des Liliputaners Hans sind infantil. Freud beschreibt in seinen Analysen vom Fetischismus die traumatische infantile Phase, als wissbegieriges Starren des Jungen auf weibliche Genitalien von unten. Die Sicht auf den fehlenden Penis verursacht im Jungen das triebhafte Durcheinander – durch den Gedanken, dass er selber den Penis verlieren wird. Statt des Penisverlustes entsteht die Erektion dieses Fetischobjekts, womit der Prozess der fetischistischen Verleugnung anfängt. Cleopatra, Hans Begehrensobjekt, sieht für ihn majestätisch aus und wird von ihm aus der Froschperspektive begehrt. Cleopatra symbolisiert die Mutter, während Hans geistig und körperlich ihr Kind darstellt. Diese Relation wird besonders deutlich, wenn Hans zugibt, dass er weiß, dass sie ihn nicht lieben kann, aber, dass er trotzdem glaubt und hofft, dass sie ihn liebt. Zusätzlich besteht er darauf, dass er ein Mann ist und mit seinem großen sexuellen Interesse an Cleopatra wird er zum Doppelgänger – im Freudschen Sinne wird er zum aggressiven begehrenden Kleinkind. Cleopatras Freund, Hercules, verwandelt sich in einen strafenden Vater und tritt in Wettkampf mit seinem Sohn um die Liebe der Mutter. Das gehässige Kind tötet den Vater und schneidet der Mutter die Beine ab, so dass sie genauso groß ist, wie der Liliputaner Hans. Dadurch wird die Mutter kein Begehrensobjekt mehr. Cleopatra verletzt Hans viel mehr durch die Erfüllung seiner Urphantasie, als durch die Quasi-Erniedrigungen. Die größte Erniedrigung für das Subjekt, so Zizek, ist die Externalisierung und das Zurückkommen seiner Phantasien. (Brinkema 2008: 165)

In Brownings Filmen, betrachtet nach Lacans Theorie, werden die Schmerzen durch das „kleine andere", das wiederum das „große Andere" repräsentiert, verursacht. Dementsprechend kristallisieren sich die zwei wichtigsten „Leidensarten" heraus – die Frustration durch das Begehren innerhalb des ödipalen Dreiecks und die Entstellung des Körpers, welche sich in der symbolischen Kastration (durch das große Andere) widerspiegelt. Reik behauptet, dass die Kastration durch alle Arten des masochistischen Leidens symbolisiert wird und, dass sie manchmal direkt in den masochistischen Phantasien (und in abgeschwächter Form in masochistischen Praktiken) ihren Ausdruck findet. (Nowak 2008: 54-55) In Brownings Filmen haben fast alle Deformationen eine Form des mangelhaften Körpers. Deleuze meint, dass Masochismus mit der Auflösung des Vaters endet – dieser Moment taucht in Brownings Filmen immer wieder auf. (Nowak 2008: 55) Während Sadismus Fetische zerstört, Masochismus dagegen schafft Fetische und nützt sie. (Nowak 2008: 56)

Reik und Deleuze ziehen in Erwägung, dass das Christentum ein paradigmatischer Fall von sozialem Masochismus ist, weil es das Leiden verherrlicht. (Nowak 2008: 60) Die Bekräftigung des Leidens wird von jedem Anhänger erwartet – der Masochismus des Christentums ist durch Jesus Christus, sowie durch christliche Märtyrer, Asketen und Eremiten tief verankert. Die unzähligen Verbrechen, welche im Namen Gottes und Leidens von Jesus verübt würden, weisen deutlich die sadistischen Züge des Christentums auf. Die Widersprüchlichkeit des Christentums öffnet die Tür für die groteske Kunst und den grotesken Geist, welcher sich im Laufe der Zeit verbreitet hat, und inzwischen an jeder Pore der Kultur fest klemmt. Daher ist es nicht verwunderlich, dass die filmischen Darstellungen des Christentums oft die grotesken Züge aufweisen. In Almodóvars Film *Das Kloster zum heiligen Wahnsinn* (1983) werden die christlichen Dogmen kritisiert, indem die Paradoxien gezeigt werden, wie zum Beispiel der Reichtum der Kirche und zugleich die Armut der Gläubigen. Schulte erklärt solche Anblicke mit der Prämisse, dass es nicht wichtig ist, etwas zu sein, sondern vieles zu haben. (Maurer Queipo 2005: 127) Daher wirkt der Kontrast zwischen dem glanzvollen Auftreten der Höflinge und deren Armut auf eine komisch-groteske Weise. Durch religiöse Gesten, Symbole, Anspielungen und Sprüche von *Salò*, sowie durch die Vermischung von Faschismus und Christentum, wird die groteske Dekonstruktion der Kultur noch stärker betont.

Die „Schizophrenie des Christentums" hat in starkem Maße der italienischen Kultur ein groteskes Antlitz verliehen. Die gesellschaftlichen Brüche Italiens im Laufe des Zwanzigsten Jahrhunderts müssten daher auch mit einer „grotesken Brille" analysiert werden. Die italienische Gesellschaft war nach dem Zweiten Weltkrieg mit den neuen Konsumgütern übersättigt – das soziale Schema der faschistischen Autarchie wurde dadurch gänzlich umgestoßen. Amerikanische und britische Soldaten brachten materielle Zeichen einer neuen sozialen Ordnung mit (Schokoladen, Kaugummis). Amerikanische Filme und Produkte riefen zuerst eine Faszination hervor, was gleichzeitig den Boden für einen breiten Widerstand gegen die Konsumgesellschaft vorbereitet hat. (Ricci 2008: 168) Oft wurde behauptet, dass sich Italien nach dem Zweiten Weltkrieg von seiner Vergangenheit scharf distanziert hat. Nichtsdestotrotz sind einige britische und amerikanische Historiker der Meinung, dass Italien einen langsamen Wandel vom faschistischen Erbe in Richtung Demokratie vollzogen hat. (Hay 2002: 105)

Das italienische Nachkriegskino identifizierte sich mit dem „Neorealismus", dessen Hauptaufgabe die Entmystifizierung der faschistischen Ideologie und Praxis war. (Landy 1986: 3) Neorealisten in Italien wird vorgeworfen, dass die von ihnen beabsichtigte „Rückgewinnung der Realität" schon in der faschistischen Ära ihre Wurzeln hat, sowie, dass sie dies nicht anerkennen. Durch diese ablehnende Haltung eliminieren die Neorealisten eine wichtige Quelle für das, was sie erforschen, nämlich – wie kam es dazu, dass der Faschismus in Italien von der Bevölkerungsmehrheit befürwortet wurde. (Landy 1986: 4)

Loshitzky beobachtet, dass es in „Holocaust-Filmen" oft zu einem gezwungenen Lachen kommt, das noch mehr verstört, weil man dadurch gegen die etablierten kulturellen Normen verstößt. (Loshitzky 2003: 22) Solches Lachen ist ein grotesk-komisches Element, dass die Filmsprache als Grenzgänger im kulturellen Raum schafft. Je verbotener und normabweichender ein Lachen ist, desto grotesker wirkt es auf den Lachenden und seine Umgebung. Wenn man bedenkt, dass das Groteske aus dem Verborgenen, Geheimnisvollen, Dogmatischen heraus wächst, dann ist es einleuchtend, dass die großen Ideologien (Christentum, Faschismus, Stalinismus) ein „Reservoir" des Grotesken darstellen. Die großen Geheimnisse will das Groteske in *Salò* nicht enthüllen – es will aber für viel Verwirrung und Chaos sorgen, damit die alten „Kulturgeheimnisse" an Anziehungskraft verlieren und durch neue ersetzt werden. Dieses dekonstruierende Groteske „funktioniert" am besten im Medium Film – in einem Ort aller (un)denkbaren Ideen und Ideologien – im Phantastischen und Realen zugleich.

4.2 Abjektion und Film

Kristeva betrachtet die Rolle der Kunst aus dem Blickwinkel der traumatischen Ereignisse des Zwanzigsten Jahrhunderts (Auschwitz, Hiroshima) und deren Auswirkung auf die Subjekte. (Chanter 2008: 86) Deleuze bezieht sich auf das Auschwitz-Trauma, durch welche die menschliche Geschichte nicht mehr assimilierbar ist, und daher auch der Film nicht mehr die Charaktere zeigt, die in der Lage sind auf das Geschehen zu reagieren.(Chanter 2008: 86) Der Film zeige nicht mehr in erster Linie die Bewegung der Objekte und Menschen, sondern das, was die Protagonisten sehen, wodurch dieses Medium visueller geworden sei. Für Kristeva repräsentiert das Kino nicht die Ereignisse, sondern die Phantasien, welche wiederum durch (Todes)Triebe geprägt sind. (Chanter 2008: 120) Das Erhabene am Film ist, so Kristeva, dass er nicht nur die Ängste darstellt, sondern, dass er sie auch thematisiert. (Chanter 2008: 125)

Das Medium Film eignet sich für alle möglichen Körperdarstellungen und Grenzübergänge des Körperlichen. Die Gleichstellung von Deleuze zwischen „Tier-Werden des Menschen" und „Fleisch-Werden" des Körpers ist wichtig für die Groteske-Forschung am Film.

Die Darstellungen des Fleisches in den Filmen von Cronenberg gehen gegen den Strich der zumeist tief verwurzelten sozialen Mythen. Der Körper ist das große Unbekannte, das Unheimliche, der dunkle Kontinent der postmodernen Kultur. In der Lacanschen Theorie ist das Begehren als ein linguistischer Prozess beschrieben worden, der von jeder Spur der Körpererregung scharf getrennt ist. (Shaviro 1993: 126) Die postmodernen Gedanken sind aber traditioneller, als sie es vorgeben – es wird immer noch verzweifelt versucht, die Materialität zu leugnen und die Gedanken von den Anforderungen des Körpers zu trennen. Cronenbergs Filme zeigen den Körper in seiner naiven, ursprünglichen Materialität, wodurch der postmoderne Mythos von textueller Autonomie abgestritten wird. (Shaviro 1993: 127) Seine Filme sind die Literaten des Körpers, da alles Körperliche in monströsem Schnittpunkt zwischen Physiologie und Technologie stattfindet. Die körperlichen Affekte sind keine psychoanalytischen Symptome, die entziffert werden sollen; sie sind die wahren Bewegungen der Leidenschaft. Der Körper wird ständig extremen Erfahrungen der Leidenschaften, der Schmerzen und des Horrors unterworfen. (Shaviro 1993: 128) Das Monströse wird in Cronenbergs Filmen nicht durch das Leugnen verursacht – die Ursache ist eher darin zu suchen, dass die dominierende Ideologie der „Gesundheit" und „Normalität" auf der Leugnung und Vertreibung des Monströsen beruht. Daher ist in der herrschenden Ideologie auch Kaysers „Es" (das unbegreifliche Groteske) verwurzelt. Die tief greifende

Ambivalenz der Kultur gegenüber allen Formen der Geburt und Verkörperung ist die Quelle des Horrors im Medium Film. (Shaviro 1993: 131) Das kinematische Starren ist im Fleisch stark verankert. Cronenbergs Filme, so Shaviro, zeigen nicht die schmeichelhafte Illusion der Allmächtigkeit, sondern die Extase des Terrors und der Abjektion. (Shaviro 1993: 155)

In Lynchs Film *Mulholland Drive* (2001) zeichnet sich die fundamentale Behauptung von Freud ab – die Träume repräsentieren die Wunscherfüllung und die Verneinung der Realität. (Thomas 2008: 146) Bataille bildet eine widersprüchliche Einheit, eine primäre subjektive Identität, zwischen den Arten von Exkrementen und allem was heilig, göttlich oder großartig betrachtet wird. (Thomas 2008: 156) Lynch zeigt eine ähnliche Einheit durch das Bild der Wiedervereinigung zwischen Betty und Rita – ein Bild der Unschuld und Amnesie, eine Darstellung der naiven Keuschheit. Dieses göttliche Bild wurde aber schon durch Abjekt verstört – durch eine Gestalt, die mit ihrem Horrorgesicht aus dem glühendem Sumpf auftaucht, sowie durch den Anblick der zerstörten und totenbleichen Diane in ihrem Bett. Die „Katastrophensequenz" mit Diane wirkt wie ein verlorener Traum, in dem Grandioses, Fatales und Fäkales verschmolzen ist. Alle Punkte dieser Dreiheit sind weder Tod noch seine Bezeichnung – solche Konstellation nennt Zizek „die Lynchsche Kunst der lächerlichen Vollendung." (Thomas 2008: 156) Diese groteske Sequenz zeigt am besten die Komplexität des Leiblichen im Dianes Traum. Durch den Traum wird das Paradox des Todestriebes in den Äther gelassen – gleichzeitig wird das Reale verneint und das Wiedererreichen eines früheren Zustands wird angestrebt. (Thomas 2008: 157) Niemanden in der Traumfabrik interessiert Dianes abjektes Gefühl, wie Kot aus dem Verdauungssystem Hollywoods entleert und weggeworfen zu sein. (Thomas 2008: 158) Laut Thomas sehen Lacan, und vielleicht auch Lynch, ein Problem darin, dass die menschliche Realität auf der symbolischen Verneinung basiert – indem das Symbol erst durch die Vernichtung vom Ding begreifbar wird, was letztendlich zum ewigen Begehren des Subjekts hinführt. (Thomas 2008: 161-162) Die ganze menschliche Realität ist nur eine Montage des Symbolischen und Imaginären. Das Begehren steht im Zentrum einer Matrix, die wir Realität nennen, die aber von der menschlichen Realität zu unterscheiden ist. Die Letztere ist eigentlich das Reale – etwas Flüchtiges und Unbegreifliches. (Thomas 2008: 162) Das Lacansche Reale, als nicht definierbares, unfassbares, unsagbares, unauflösbares und nicht kontrollierbares Trauma, ist nicht nur mit dem Freudschen *Es,* sondern auch mit dem Abjekten und Grotesken verwandt.

Die Ambiguität der Abjektion, so Chanter, macht aus dem Subjekt nicht den absoluten Sklaven der Bilder. (Laine 2007: 95) Die Kinorezipienten sind nicht nur passive und unkritische Konsumenten der idealisierten und ideologischen Inhalte, mit welchen sie im Kinosaal konfrontiert werden. Sie sind auch keine unwissentlichen Mittäter bei der ihnen zugefügten Schikane, keine Hüter des Status quos. Gleichzeitig können sie von Kinobildern verführt und fasziniert werden. Laine ist der Meinung, dass Scham, ähnlich wie Abjektion, ein Moment der subjektiven Krise ist, in der das Subjekt die sozialen Normen und Ideale zwar akzeptiert hat, aber es leidet an seiner schon länger manifestierter Unvollständigkeit. (Laine 2007: 95) Scham und Abjektion stellen wichtige Quellen für die Untersuchung von sozialen Normen und Idealen. Gleich wie beim Konzept der Abjektion, kann die Scham bei der Gestaltung der Selbstfindung in einem spezifischen Umfeld hilfreich sein. Für Laine stellt die Scham das gleiche dar, was das Abjekt für einige von Lacan inspirierte Theoretiker darstellt. (Laine 2007: 98) In beiden Fällen handelt es sich um eine negativ empfundene Emotion, welche intrinsisch attribuiert wird, und zur kritischen Neubewertung des *Ich* führt. Also, ist die Scham eine kritische Quelle, welche dem Subjekt die Veränderung der eigenen Identität, sowie einen anderen Blick auf soziale Normen erlaubt. Die Ursache der Scham liegt in der intersubjektiven Struktur des menschlichen Lebens; sie liegt zwischen der internen und externen Existenz des Subjekts. Deshalb ist Scham oft ein störendes, kritisches Element, dass die Redefinierung des Subjekts zu seinem Umfeld verlangt. Die Scham löst für kurze Zeit die Verbindung zwischen dem Umfeld und dem Subjekt auf, aber nach der Wiederherstellung dieser Bindung entsteht die Chance zur Entstehung einer größeren Akzeptanz gegenüber Anderem. (Laine 2007: 101)

Laine analysiert Akins Film *Gegen die Wand* (2004) mit Hinblick auf die Emotionen (Liebe und Scham) und verbindet diese mit der kulturellen Identität des Anderen. Die Hauptprotagonisten leben als türkisches Pärchen in Deutschland am Rande der Gesellschaft zwischen zwei völlig unterschiedlichen soziokulturellen Kontexten, zu denen die beiden nicht hingehören. Sie befinden sich in einer instabilen kulturellen Matrix, die sie überwinden müssen. Der Film erforscht Gender und ethnische Identität in einem transnationalen Zusammenhang. In dieser Hinsicht sind die Hauptdarsteller zwei Abjektfiguren mit raumlosen Gefühlen, welche wiederum durch Scham interpretiert werden können. (Laine 2007: 102) Laut Probyn gibt es Ähnlichkeiten zwischen Scham und Liebe (Verliebtheit) – das Erröten durch Scham ist im Einklang mit dem Erröten durch Begehren. Der Tod der begehrten Person ruft Gefühle der Verlassenheit, der Scham, des Leidens hervor. Der tote

Körper ist, so Kristeva, „der Eisberg der Abjektion", weil dadurch der Tod das Leben ansteckt. (Laine 2007: 104)

Es gibt viele Filme, in denen die groteske Dekonstruktion der kulturellen Matrix am Werk ist. Der Film *Das Große Fressen* (1973) von Marco Ferreri ist durch seine „übertriebene" Kritik an der Konsumgesellschaft vielleicht die wichtigste filmische Ouvertüre für ein kommendes „Erdbeben von *Salò*".

5. „Salò" - ein exponiertes Groteskwerk als Beispiel für die Dekonstruktion einer kulturellen Ordnung

5.1 „Salò" - eine Dekonstruktion von de Sades Roman „Die 120 Tage von Sodom"

Pasolinis letzter Film *Salò oder die 120 Tage von Sodom* (1975) ist bis heute einer der umstrittensten Werke der Filmgeschichte. Der Film spielt in der „Republik von Salò", in vom deutschen Reich besetzten Norditalien. Vier gottlose, amoralische und sexuell pervertierte Vertreter des faschistischen Marionettenstaates entführen junge Männer und Frauen, und bringen sie in eine Villa, in welcher besondere Gesetze der „faschistischen Anarchie" gelten. Die Opfer werden vergewaltigt, gedemütigt und am Ende animalisch gefoltert und ermordet.

Pasolini hat die de Sadesche Vorlage – den Roman *Die 120 Tage von Sodom* (1785) – für *Salò* deutlich verändert. Das Ziel seines Films ist nicht alle Perversionen des Sexuellen (wie bei de Sade) darzustellen. Auch der Handlungsverlauf ist im Vergleich zum Roman anders. De Sade hatte die 600 Aberrationen des Sexualtriebes in vier Kategorien mit je 150 aufgeteilt. Diese wurden an den 120 Tagen der Orgie in Gruppen zu je fünf Perversitäten vorgetragen. Die Einteilung der Tage ist im Film anders und aus der de Sadeschen Vorlage entsteht ein Werk in drei Teilen. Pasolini ordnete die Filmkapitel nach Dantes Inferno – in die Höllenkreise der Leidenschaften, der Scheiße und des Blutes. (Kleine-Roßbach 2001: 127) Er hat gleichzeitig den de Sadeschen Stoff modernisiert und politisiert, indem er die Handlung in einen bestimmten Zeitraum versetzte. Der Anfang spielt im italienischen Marzabotto, dem Ort eines Nazi-Massakers. Danach befindet man sich in Salò, dem Regierungssitz von Mussolinis letzter Republik (Repubblica Soziale Italiana). (Kleine-Roßbach 2001: 127-128) De Sades Libertins sind in Pasolinis Film als Faschisten dargestellt. Dadurch wird die absolute Macht von Menschen über Menschen gezeigt. (Kleine-Roßbach 2001: 128) Einige Kritiker warfen Pasolini vor, er habe die Idee des Libertinismus trivialisiert und vulgarisiert, indem er sie als Faschisten darstellt. (Kuczok 2008: 12) Pasolini konnte laut Kuczok innerhalb der faschistischen Ordnung die de Sadesche Philosophie am besten realisieren, weil nie zuvor ein Völkermord so spektakulär und „gewissenhaft" verübt wurde. (Kuczok 2008: 14) Das libertinäre Experiment wird an einem neutralen Ort (in einer großen klassizistischen Villa) vollzogen. Dies könnte auch als Trennung vom damals herrschenden Faschismus interpretiert werden – als absolute Zuwendung der Verwirklichung einer libertinären Idee des leidenschaftlichen Atheismus.

Der Begriff von Gott hat bei de Sade einen atheistischen Hintergrund, da seine Libertins aufgeklärte Denker und Philosophen des Materialismus sind. De Sades Protagonisten sind morallose Atheisten; die Faschisten von Pasolini sind eher das Spiegelbild der europäischen Dekadenz, welche durch leere Phrasen das Volk ruhig stellt. (Stiglegger 2000: 154) In *Salò* ist die Religiösität von dem Atheismus, Faschismus und der Moderne nicht trennbar. Der Film sprudelt vor vielschichtigen und unklaren Grenzen, welche verstören, verzerren und sich auf den Betrachter übertragen. Den Glauben an Gott betrachtet de Sade als ein irrationales Laster. Als de Sades Libertins begreifen, dass sie Götter sind, bekommen sie auch deren Eigenschaften – deren Brutalität, Willkür und sadistische Macht im Reich der Wollust. Pasolini deutet die libertine Machtausübung als totalitär; er setzt laut Kleine-Roßbach Parallelen zwischen der Gefangenschaft unter den libertinen Faschisten und dem Wegschluss im Nazi-Konzentrationslager. (Kleine-Roßbach 2001: 128) Diese Verknüpfung hält Adorno für misslungen – die Libertins töten mit Lust am Leid der Opfer, während der Massenmord in Konzentrationslagern steril, anonym, bürokratisch und effizient verläuft. (Kleine-Roßbach 2001: 128-129) Die Opfer in *Salò* werden durch eine der vier „modernen" Arten der Vollstreckung der Todesstrafe getötet – sie werden gehängt, erschossen, erdrosselt oder auf dem elektrischen Stuhl umgebracht. Die Ästhetik spielt bei dem Foltern und Töten eine wichtige Rolle. Jeder Täter soll im Film ein Mal als Folterer und Henker, als dessen Komplize und als Voyeur (vom Fenster aus) agieren. Denn so erlebt man laut Pasolini alle Modulationen der sadistischen Lust – die erhabene Distanz der Betrachtung der Grausamkeiten, die Erregung durch Komplizenschaft und die Wollust des Mörders. (Kleine-Roßbach 2001: 129)

Pasolini ist es laut Stiglegger wie de Sade gelungen, in *Salò* jegliche Individualität und jeglichen Spannungsaufbau auszulassen. (Stiglegger 2000: 74-75) Pasolini zeigt deutlich das Grauen der Isolation und Entmenschlichung der Opfer trotz der quantitativen Reduzierung des Henker/Opfer-Ensembles. Eine Identifikation mit den Tätern und Opfern wird dabei nicht suggeriert. *Salò* ist ein Film der kalten Symmetrie, welcher der mathematischen Struktur des zugrunde liegenden Romans entspricht. (Stiglegger 2000: 154) Die Libertins in *Salò* werden durch ihre absolute Macht mit dem Gottesmodell eng verknüpft. Sie sehen sich als Götter und gleichzeitig betreiben sie den unfruchtbaren analen Geschlechtsverkehr als Revolte gegen Gott und die Schöpfung. Durch deren Akte der Anti-Schöpfung existieren die Libertins nicht wirklich – sie sind die Götter des Nichts. Stiglegger betrachtet daher *Salò* als ein nihilistisches Manifest. (Stiglegger 2000: 158)

Im Roman de Sades stellen die Geschichten der Erzählerinnen eine der narrativen Stützen dar; in *Salò* machen ihre divenhaften Posen einen eher kitschigen und grotesken Eindruck. Selbst die Herren wirken geistlos, trotz der Zitate von Baudelaire und Nietzsche. De Sade nutzt die Sprache als Medium der Klarheit und Direktheit – und genau das Textuelle ist jenes, was Pasolinis Film zum Versagen führt. (Stiglegger 2000: 154) Jedoch ist Stigleggers Betrachtung nur zum Teil zu akzeptieren, da *Salò* als Gesamtwerk ein beabsichtigtes Versagen des Individuums und des Kollektivs darstellt. Der Blickwinkel auf die faschistische Willkürherrschaft in *Salò* ist eine Idee des „absoluten Bösen", welche leicht mit einer Mythisierung des Faschismus-Phänomens verwechselt werden kann. Pasolini begrenzt sich nicht auf die Konsequenzen der physischen Destruktionsakte, er weitet das „Böse" auf die faschistischen Verbrechen des Geistes aus, indem er seine barbarischen Libertins mit europäischer Literatur und bildender Kunst „ausrüstet". (Stiglegger 2000: 157) Durch die „Salò-Technik" der grotesken Zerstörung bewegt man sich an den Grenzen des Unfassbaren. Das Bewusstsein wird verzerrt und verwirrt, eine existierende kulturelle Ordnungsstruktur wird dekomponiert und liquidiert – die Suche nach einer neuen symbolischen Ordnung fängt danach zwangsläufig an.

De Sades Schriften sind nicht nur obszön, sie sind vor allem extrem herrschaftskritisch. Die meisten Gräueltaten werden durch adlige und kirchliche Würdenträger, Polizisten und Juristen verübt. (Theweleit 2003: 152) Pasolinis vier Libertins: der Herzog, der Bischof, der Präsident und die „Exzellenz" sind auch „die Menschen der Macht". Pasolini übernimmt die Lust/Mord-Struktur von de Sades Roman für seinen letzten Film. (Theweleit 2003: 157) Die Verbrechen, welche de Sade dem französischen Feudaladel zuschreibt, richtet Pasolini an die italienische Bourgeoisie, an den deutschen und italienischen Faschismus. (Theweleit 2003: 164) De Sade sah in jeder Revolution den Übergang von einem Gesetz zum anderen und identifizierte sich mit dieser Zeitspanne der Gesetzlosigkeit. (Theweleit 2003: 249) Laut ihm sind die Gesetze vor der Anarchie machtlos, da jeder Staat in die Anarchie stürzt; wenn er seine Verfassung erneuern will. Pasolini stellt in der faschistischen Ordnung von *Salò* die „wahre Anarchie" dar, was ein groteskes Mittel der Übertreibung und Widersprüchlichkeit ist.

Laut Barthes ist Pasolinis Adaptationsversuch sowohl an de Sade, als auch an der Darstellung der Faschismus-Realität gescheitert. (Stiglegger 2000: 75) Die Wörter von de Sade verlangen nicht nach Bildern – dies übersteige die Assoziationsfähigkeit des Lesers. Die Verfilmung von de Sade verlange entweder einen hohen Verfremdungs- und Abstraktionsgrad oder die realistische pornografische Darstellung. Barthes wirft Pasolini auch vor, dem Zuschauer einen großen Raum für Distanzierung zu bieten und Faschismus auf Perversion zu reduzieren. Die Kritik von Barthes ist verfehlt, da Pasolinis Absicht weder eine Verfilmung von de Sades Roman, noch die Darstellung einer „Faschismus-Realität" ist, sondern eine extreme und bewusst übertriebene Kritik an die Menschheit der Gegenwart, an jeden Einzelnen. Die immer drohende Verfremdung und Abstraktion in *Salò* sind gerade die Elemente des Werks, die dem Rezipienten den großen und unheimlichen Raum anbieten. Aber der Effekt dessen führt nicht unbedingt zur Distanzierung und Reduktion, sondern viel eher zur Verwirrung und Liquidierung des bisher etablierten Kulturverständnisses.

Durch die Blickinszenierung in *Salò* wird eine Theorie filmischer Wirkungsästhetik formuliert. Sie basiert auf der voyeuristischen Komplexität von Film und Betrachter, indem das lustvolle Ergötzen am Grausamen unter dem Vorwand der moralischen Folgenlosigkeit des Ästhetischen gerechtfertigt wird. Dieses Gelingen spricht für Kracauers These, dass allein der Film in der Lage ist, das Entsetzliche unverzerrt anschaubar zu machen. (Kleine-Roßbach 2001: 130) Der ästhetische Voyeurismus setzt distanzierte Gefühlskälte aus. Diese umgeht Mitleid und wendet die Betrachtung des Entsetzlichen zum narzisstischen Lustgewinn. *Salò* soll kalt wirken; die verkehrte Kameraeinstellung ist nur ein Teil von Pasolinis Ästhetik der Kälte. Das Abbild des Grausamen wird in optische, und dadurch in emotionale Ferne entrückt. Die Opfer von *Salò* sind gefühllos, taub und apathisch gegenüber dem Schmerz – ähnlich wie de Sades Figuren.

Laut Benjamin ist die Moderne als Zeitalter der technischen Reproduzierbarkeit charakterisiert. (Kleine-Roßbach 2001: 134) Das Original verschwindet durch massenhafte Produktion originalgetreuer Kopien. Die Ware ersetzt das Kunstwerk – das Gemälde wird zuerst durch Fotografie und danach durch Film aus dem ästhetischen Raum verdrängt. In dieser Hinsicht hatte Pasolini eine angemessene Entscheidung getroffen, indem er einen modernen de Sade im Medium Film reproduziert. In *Salò* stellt er das Gesicht von sexuellem Vollzug und maschinellem Ablauf in der Moderne dar – schnell, effizient, konsumfreundlich und lebensfern. Kleine-Roßbach behauptet, dass Pasolinis Absicht, die Kälte der Robotermenschen zu zeigen, nicht so überzeugend wie bei de Sade gelungen ist.(Kleine-Roßbach 2001: 135) Wenn beispielsweise nach dem schönsten Hintern gesucht wird, passiert dies nicht mit dem Blick der Ratio, sondern mit dem der Zärtlichkeit. Beim Kotessen in *Salò* wird Ekel dem Genuss gegenübergestellt, während bei de Sade jegliche Gefühle bei der Darstellung des nur Leiblichen gar keine Rolle spielen. Pasolinis Libertins quälen und töten mit großer und an einzelne Opfer gerichteter Leidenschaft. Die von Pasolini dargestellte Gewalt hat die Merkmale des Ritus und gehört zur Sphäre des Heiligen. (Kleine-Roßbach 2001: 135-136)

Die de Sadesche Maxime der Apathie heißt, dass der Libertin die höchste Wollust ohne Beteiligung der Gefühle erlebt. Klossowski misst der de Sadeschen Apathie eine größere Bedeutung bei: seine Libertins wiederholen die erregende perverse Handlung gefühllos und stumpf. (Kleine-Roßbach 2001: 131) Die nicht endende Repetition, so Klossowski, stellt eine Abwehrstrategie gegen die Gewissensfunktion dar. Die Wiederholung des Perversen verhindert die bildlichen Erinnerungen an diese Taten. Dadurch trennt sich das emotionale Potenzial von der Tat selbst, welche ab dem Zeitpunkt dieser Trennung ohne Reue teilnahmslos und apathisch weiter verübt werden kann. Klossowskis These setzt aber die Verbindung zwischen Gewissen und Seele voraus, was für de Sade nicht in Frage kommt. Seine Libertins sind Maschinenmenschen, deren innere Funktionen und Seelen noch gerettet werden könnten. Eine Maschine erinnert sich nicht, bleibt gleich und unerschöpft und kann ihre Orgasmen unendlich reproduzieren. (Kleine-Roßbach 2001: 132)

Die Vergleiche, welche in *Salò* gezogen werden erfordern eine nüchterne Analyse: inwieweit kann es stimmen, dass die Zeit de Sades eine Konstante mit der Zeit der faschistischen Republik Salò und mit Pasolinis Zeit bildet. Klossowski interpretiert *Salò* als die Vision einer Gesellschaft, welche sich im Zustand ständiger Sittenlosigkeit befindet und sich zugleich als die Utopie des Bösen darstellt. (Maggi 2009: 278) Dieses Paradoxon korreliert mit dem virtuellen Zustand der modernen Gesellschaft. Während der humane utopische Verstand mit einem virtuellen Fortschritt rechnet, haben die Sadisten sich mit dem Rückschritt abgefunden. Pasolinis Libertins sind Abbilder des gesellschaftlichen Systems, während de Sades Libertins gegen das herrschende System verstießen. (Maggi 2009: 286-287) Pasolini hatte die Absicht, die verwirrende Realität, die perversen Regeln darzustellen – es ging nicht um die Ausnahmen wie bei de Sade. Das faschistische Städtchen Salò wurde zum Mikrokosmos, das den globalen Zustand widerspiegeln soll. *Salòs* Libertins sind die Vertreter einer neuen Weltordnung und eines neuen kulturellen Wertesystems. (Maggi 2009: 287) Sie können, genauso wie das Groteske, als Medium des historischen Wandels und Epochenwechsels interpretiert werden.

Pasolini konnte laut Kleine-Roßbach die These von Bataille, wonach in der Moderne das Erotische gegenüber dem Rationalen ein souveräner Bereich sei, nicht widerlegen. (Kleine-Roßbach 2001: 137) Pasolini hat meiner Meinung nach die These von Bataille widerlegt –

in *Salò* werden die Bereiche nicht getrennt, sondern verbunden und vermischt. Das Erotische in *Salò* degradiert zum Monströsen und verschmilzt mit der sowohl rationalen als auch irrationalen Gewalt. Es kann nicht nur von maschinellem oder leidenschaftlichem Quälen und Töten die Rede sein. In *Salò* ist das Verhältnis zwischen dem Rationalen und dem Emotionalen vermischt, verzerrt, verwirrend. Die verschiedenen Epochen sind weder anwesend noch abwesend; die kulturellen Phänomene werden mal isoliert, mal „brechen sie aus allen Nähten". Pasolini drückt mit *Salò* bewusst ein Chaos der menschlichen Moderne aus, ein unbegreifliches und grotesk wirkendes Durcheinander, ein *weder-noch* und zugleich ein *sowohl-als-auch*. De Sades Roman ist für Pasolini nicht mehr als eine Inspirationsvorlage. Pasolinis Absicht mit *Salò* ist, den Prozess der komplexen und widersprüchlichen Zusammenhänge in einem kulturellen Wertesystem, sowie die Dekonstruktion dieses Systems darzustellen, während de Sade in seinem Werk auf reine Ratio pocht.

5.2 Groteske Dekonstruktion in „*Salò*" aus psychoanalytischer Sicht

In den Schriften von de Sade schränkt sich der Sadismus auf das Leiden Anderer ein. Die Psychoanalyse erweitert den Begriff des Sadismus, indem sie viele versteckte, vor allem infantile Manifestationen dazu zählt und aus dem Ganzen eine wichtige Komponente des Sexuallebens macht. Filme, welche Sadismus und Faschismus verbinden, werden von Stiglegger „Sadiconacista-Filme" genannt. (Stiglegger 2000: 25) In ihnen wird die pathologische Ebene der Machtposition mit der ritualisierten Lust an der Qual so vermischt, dass der Begriff Sadismus unkonkret und willkürlich wird. Bei der filmischen Darstellung des Faschismus geht es laut Stiglegger um eine Art „phallische Neurose" mit sadomasochistischen Zügen. (Stiglegger 2000: 14) Dieser Beschreibung nach kann *Salò* als ein „Sadiconacista-Film" betrachtet werden.

Die klassizistische Villa in *Salò* ist das isolierte Gefängnis, in dem die Gefangenen Fremdkörper sind. (Klimke 1988: 27) Die Opfer erinnern plötzlich an spielende Kinder, welche die Bedeutung des Spiels nicht kennen, sie sind wie Körper im leeren Raum. *Salò* kann auch als Geistesstück des Todes betrachtet werden. (Indiana 2000: 69) Obwohl die sexuelle Gewalt praktisch ausgeübt wird, wirken die Täter als beherrschte, kühle und (quasi)intellektuelle Folterer. Das Bestialische bricht erst nach der Machtergreifung aus – erst dann, in völliger „Freiheit" genießen die Täter ihren Terror über die Schwächeren. Sexualität erscheint in *Salò* als hässlicher und brutaler mechanischer Vorgang. (Klimke 1988: 28-29) Laut Klimke, können die Frauen ohne Männer in Pasolinis Filmen gar nicht existieren

– die Frauen sind ein männliches Konstrukt und ein Bindeglied zwischen den Männern zugleich. (Klimke 1988: 31) Während die Männer einen Phallus haben, sind die Frauen ein Phallus – ein imaginäres Objekt männlicher Begierde. In *Salò* sind die Frauen sogar überflüssig, weil auch die männlichen Opfer zum „Phallus" werden und weil heterosexueller Geschlechtsverkehr ein Tabu ist.

Die „Geburt in *Salò*" ist laut Maggi die Mischung einer neuen narrativen Form, einer Form des schizophrenen isolierten Raums und einer wortlosen Form des totgeborenen Fötus.(Maggi 2009: 256) *Salò* repräsentiert eine stille Filmsequenz, welche auf das schizophrene Dasein projiziert wird. Pasolini interpretiert und adaptiert de Sades Besessenheit mit Natur und Mütterlichkeit – die zwei größten Feinde der Libertins. In *Salò* ist Renata eines der weiblichen Opfer, die symbolisch die Mutter und die Tochter (welche um den Tod der eigenen Mutter trauert) gleichzeitig repräsentiert.(Maggi 2009: 256-257) In Renata hat Pasolini zwei Hauptaspekte eines mythischen Konzepts der Mutter verbunden. Renata ist gleichzeitig eine Mutter, die das Leben schenkt und eine Mutter, die stirbt; sie erinnert sowohl an den mythischen Anfang (Mutter), als auch an das apokalyptische Ende (Fötus). Der Tod der Mutter ist der Augenblick, in dem das Subjekt entsteht und zugleich stirbt. (Maggi 2009: 266-267) Ähnlich wie de Sade, schafft Pasolini einen Gegenpol zwischen der Ideologie der Libertins und dem mythischen Konzept der Mütterlichkeit. Renata ist das einzige Mädchen, dessen Geschichte des Mutterverlustes so beeindruckend ist, dass selbst die Libertins sie verehren, indem sie beim kennen lernen vor ihr aufstehen. (0:17:12) Renata wird „ein bezauberndes Engelchen" genannt, was eine von vielen Anspielungen an das Christentum und an das Leiden von Jesus darstellt. Renata ist die treibende Kraft, welche das marginalisierte Groteske in die Mitte des „Systems" zieht und damit den Systemwechsel beschleunigt.

Die einzige Sequenz, in der sich die Mutter von ihrem Sohn verabschiedet, ist am Filmanfang. Die Mutter ruft nach ihrem Sohn, Claudio, um ihm seinen Schal zu geben. (0:06:02) Claudio dreht sich zu seiner Mutter um und sagt ihr, dass sie verschwinden soll, woraufhin sie mit ihren Händen ihr Gesicht bedeckt und schluchzt. Claudio wird Teil der „privaten Garde der Libertins" und er ist der erste Mann in *Salò*, welcher sich gewalttätig und abneigend gegenüber einer Frau verhält. (Maggi 2009: 269) Renatas Schluchzen ist im Namen des verlorenen Echos von Claudios Mutter, welche nach ihrem verlorenen Sohn schluchzt. Aber Renatas Sohn, den sie verlieren wird, hat seine Mutter schon zurückgewiesen. Pasolini stellt den jungen Mann, der bei einem Fluchtversuch von Faschisten erschossen wird, dem brutalen Sohn Claudio gegenüber. Zwischen diesen beiden Söhnen befindet sich Renatas Trauer nach ihrer verlorenen Mutter. (Maggi 2009: 270) Das geschaffene Dreieck (Renata als Symbol des Muttertodes; Tod des Sohnes durch die Erschießung des jungen Mannes; das Leugnen der Mutter durch ihren Sohn Claudio) und die formellen Rituale in *Salò* machen es deutlich, dass Spontanität, Leben oder *jouissance* nicht zustande kommen können. In einem Raum ohne *jouissance* sind die Konzepte von Geburt und Leben problematisch. (Maggi 2009: 271)

Renatas zusammen gezogener Hals im Moment ihres Schluchzens stellt die Entstehung eines neuen Lebens dar. (1:00:34) Kristeva interpretiert, dass sich Renata, inmitten der Gewalt des Schluchzens, selbst ein anderes Leben schenkt, indem sie als Subjekt auf die Abjektion reagiert. (Maggi 2009: 271) Als sich Renata an den Tod ihrer Mutter erinnert, schließt sie sich selbst aus – im gleichen Moment, als sie ein anderes *Ich* schafft. Dieser Augenblick zeigt laut Kristeva dass sich das trauernde Subjekt verkehrt herum stellt, während sich dessen Gedärme ausdehnen – es ist sogar zu sehen, dass sich das Subjekt zu etwas transformiert, was ihm seine Existenz weg nimmt. Dies ist vielleicht eine passende Beschreibung von Renatas Reaktion auf Signoras Erzählung. Renatas Schluchzen bezeichnet die Geburt eines neuen *Ich,* wobei das Subjekt stirbt und ein neues Leben zugleich schafft. Der zusammen gezogene Hals repräsentiert die Wehen der Gebärmutter während der Geburt – durch das Erinnern der Tochter an den Verlust der Mutter. Renatas entstellt wirkender Körper symbolisiert die absolute Trennung von der Natur und den nicht reversiblen Eintritt in das unheimliche und widersprüchliche Reich der kulturellen Grenzübertritte. Renatas Zustand im Moment des Schluchzens ist nicht nur ein Bruch mit der Natur, sondern auch die Trennung von der Kultur. Nach Derridas Konzept des „Aufbruchs der Kultur", kann man diesen Moment auch als Renatas Überquerung einer unfassbaren Grenze interpretieren.

Maggi behauptet, dass die Dunkelheit und die emotionale Kälte in *Salò* durch religiöse Verehrung der Mutter und die damit verbundenen mythischen und politischen Implikationen verursacht ist. (Maggi 2009: 269) Schon die ersten Szenen in denen vier Faschisten und ihre geheime Gesellschaft dargestellt werden, leiten in ein Trauerlied zur Ehre der verstorbenen Mutter ein. Durch die tote Mutter transportiert *Salò* ein Bild des totgeborenen und daher minderwertigen Fötus, welcher durch Libertins mit Fäkalien und Sperma gleichgesetzt wird. Ein isolierter Raum in *Salò* entsteht durch die Abwesenheit der Mutter, womit der Verlust aller humanen Werte verursacht wird. So ein mythisches und emotionales

Vakuum wird durch die brutalen und obskuren Faschisten besetzt und „vergewaltigt", was für die externe Welt gar keine Bedeutung hat. (Maggi 2009: 257) Auch die externe Welt hat für *Salò* keine Bedeutung. Jegliches „Draußen" ist für das Salò-Universum eine chaotische Heuchelei, welche isoliert und enthüllt werden soll. In völliger Isolation wird in *Salò* das Unfassbare, das Reale kompromisslos und flüchtig dargestellt; eine Kultur wird durch groteske Überheblichkeit von allen tragenden Säulen brutal getrennt und ein Epochenwechsel wird durchzogen.

Eine exkrementale Geburt durch die anomale Natur ist an sich ein Widerspruch, da das Kind nicht lebend aus dem Anus der Mutter geboren werden kann. Diese anomale Geburt ist mit einer Abtreibung gleich zu setzten. Indem die Mutter ihren Fötus „entleert", zeigen die Libertins, dass der Fötus denselben Ursprung wie Fäkalien hat. Der Fötus ist Müll, ein abstoßendes Produkt der Natur, das man weg wirft. Indem die Libertins die Heuchelei der Natur enthüllt haben, deuten sie auf die wahre Natur der Mutter hin: die Mutter als Frau, die in ihrem Mutterleib etwas ähnliches wie Scheiße trägt. Die Vereinheitlichung von Fötus, Sperma und Scheiße ist sowohl bei de Sades Roman als auch bei Pasolinis *Salò* angedeutet. (Maggi 2009: 259) Der Anus gibt wie die Vagina etwas Lebendiges, was Fötus, Müll und Nahrungsmittel sein kann. Der Anus absorbiert den Phallus (wie die Vagina) und stellt die natürliche Verbindung zwischen Mutter und Fötus dar, da die Fäkalien genauso wie die Föten aus dem Leib der Mutter „entleert" werden. Der Anus ist die Gebärmutter der Anomalie – er nimmt ein und wirft weg, vereinigt und befremdet. Mit zwei „fäkalen" Szenen in *Salò* zeigt Pasolini wie das kapitalistische System funktioniert – Fäkalien sind gleichzeitig die Güter und ihre Verbraucher und befinden sich im Kreis der Produktion, des Konsums und der Vergänglichkeit. Laut Maggi kann jeder Mensch *Salò* auf unterschiedliche Art und Weise interpretieren. (Maggi 2009: 257-258) Er meint auch, dass Pasolini mit diesem Film eine fast unzerstörbare „akademische Konformität" geschaffen hat – eine Abfindung mit den Abläufen der modernen Gesellschaft, welche sich auf gutem Weg befindet, alles Humane zu zerstören. *Salò* kann auch als eine Kriegserklärung an die Kultur interpretiert werden, welche von der Natur erst erfolgreich getrennt wurde. Groteske Phänomene im isolierten Realen der Kultur kommen deutlich zum Ausdruck.

Signora Maggi (eine der Erzählerinnen) zeigt voller Stolz ihren Hintern am Anfang des zweiten Filmkapitels und erzählt, dass sie schon als kleines Mädchen durch einen General in die sexuelle Welt eingeführt wurde. (0:58:01) Dieser wollte wie ein Baby gewickelt werden und als sich Signora plötzlich „entleeren" musste, befahl der General ihr, ihn mit den Exkrementen zu füttern. Der General aß alles; danach weinte er und ejakulierte in seine Windeln. Signora Maggi nimmt mit ihrer Erzählung die Rolle der perversen Mutter ein, indem sie ihren „Sohn" mit den eigenen Fäkalien füttert. Auf diese Weise bietet sie ihm ihr „Anusei", was an die semantische Verschmelzung von Scheißhaufen, Ei und Fötus erinnert. (Maggi 2009: 275) Dadurch verdreht Signora Maggi den Akt der Ernährung des Kindes und leitet das Ganze in die Erzählungen über die Scheiße. (Maggi 2009: 275-276) Symbolisch füttert sie ihren Sohn mit dem „Anusei", das gleichzeitig ihren Sohn bezeichnet. Dies ist auch die Brücke zur anschließenden Anspielung an den Mord ihrer Mutter, welche wiederum an Claudios Mutter erinnert. Signora Maggi – genau wie Claudio – fängt mit ihrem ausschweifenden Leben durch die Zurückweisung ihrer eigenen Mutter an. (Maggi 2009: 276) Der Muttermord ist ein wichtiger Aspekt in *Salò* und kann auch als extremer und provokativer Tabu- und Kulturbruch interpretiert werden.

Maggi behauptet, dass das Lacansche Reale im Film eine innere Verletzung erzeugt, wie „ein schaufelndes Missbrauch entlang des Halses". (Maggi 2009: 293) Dies ist am deutlichsten in der Sequenz dargestellt, in welcher Renata Kot isst. (1:04:16) Die Libertins stehen neben dem knienden und „betenden" Mädchen. Der Herzog befiehlt ihr, dass Kot zu essen. Sie hebt die Scheiße hoch. Die Erfordernis des Libertins ist eine Abbildung für das Würgen des Mädchens. Renatas Krämpfe rufen während des Schluckens ein Schluchzen und Würgen hervor. Dieser Akt wirkt unnatürlich, weil man etwas isst, was „entladen" wurde. Der Höhepunkt des Horrors entsteht durch zwei entgegengesetzte diagonale Linien, welche durch den Tisch und durch das geneigte Mädchen gebildet werden. (1:03:28) In dem Moment stellt die Leere den einzigen Fluchtpunkt dar. Der Tisch ist jetzt nicht mehr im Mittelpunkt, wodurch der Horror der Leere sichtbarer gemacht wird. Das Reale sind weder der Tisch noch das Mädchen, sondern das Würgen und Schluchzen. Im Unterschied zu de Sades Roman, masturbiert in *Salò* niemand, während Renata ihre Strafe ausführt. (Maggi 2009: 294) In dieser Sequenz gelingt es Pasolini, den Eindruck zu erwecken, als ob der scheißende Herzog in einer Kirche betet, wobei der Tisch zur Kirchenbank und der große Schrank zu einem Beichtstuhl wird. (Hauer 1987: 82) Die häufigen Anspielungen auf das Christentum bekräftigen die These, dass das Groteske auf dem Höhepunkt der christlichen Macht ein wichtiger Teil dieser Religion und dadurch westlicher Kultur wurde. Durch den langwierigen Prozess der Entmachtung und Enthüllung des Christentums haben sich „die grotesken Viren" über das Reale der Kultur und des Alltags verteilt. In *Salò* wird gezeigt, wie das Groteske aus dem christlichen Bereich transformiert und vom

Rande in die Mitte der Kultur transportiert wird. Um dies zu verdeutlichen, soll auf weitere Schlüsselszenen hingewiesen werden.

Als sich Signora Vaccari nach der ersten Hochzeitsfeier mit Renata „beschäftigt", holt einer der Gardisten (Guido) einem der Opfer (Sergio) einen runter. Guido schreit: „Er kommt! Er ist ein Mann!", und reibt Sergios Sperma auf seine Hose. (0:39:07) Signora Vaccari sagt, dass eine Frau geschaffen wurde, da auch Renata befriedigt wurde. Der Herzog erklärt feierlich, dass das erste Paar konstituiert wird, und stellt damit ironisch fest, dass die Libertins ihre väterliche Rolle erfüllt hätten, indem sie an die Gottesschaffung des „ersten Paares" im Paradies erinnern. Durch den Akt der Masturbation sind zwei erwachsene Menschen entstanden – ein Mann und eine Frau, die heiraten können. Beide, Sergio und Renata, stellen Prototypen des Sohnes und der Tochter dar, deren Väter ihre Hochzeit arrangieren. Die fruchtlose Masturbation wird zum paradoxen Zeichen der Ehe. Wie bei de Sade, verfügen Pasolinis Libertins über die Macht, die Natur aufzuheben. In deren theatralischer Gesellschaft funktionieren jegliche Bindungen nur, indem sie abgestritten werden. (Maggi 2009: 307) Das, was in der herrschenden Kulturordnung außerhalb von *Salò* für „natürlich" erklärt würde, ist in *Salò* unnatürlich und entstellt. Selbst die nackten Körper werden zu abjekten, grotesken Körpern transformiert und von der Vorstellung der Natürlichkeit komplett entkoppelt.

Der Präsident, der feminisierte Libertin, verlässt rasch den Saal, während Renata Kot isst. Er geht in ein Nebenzimmer und masturbiert vor einem Spiegel. (1:05:23) Hinter ihm befinden sich zwei Statuen betender Frauen, noch weiter entfernt sind ein Pissoir und eine Toilettenschüssel zu sehen. Dieses Bild ist die symbolische Repräsentation von Renatas Erniedrigung im Saal. Der Präsident „entlädt" sich völlig alleine, sich selbst im Spiegel beobachtend, während im Hintergrund (auch im Spiegelbild), die Symbole der beschmutzten Weiblichkeit erscheinen. Die Statuen „betrachten" sich gegenseitig, genau wie sich Der Präsident im Spiegel beobachtet. Diese kurze Fortsetzung der berüchtigten Saalszene stellt den Höhepunkt der Unfruchtbarkeit dar und betont erneut die beschmutzte Weiblichkeit. Kurz daraufhin erzählt Signora Maggi über eine alte und mittellose Frau. Ihr Körper war durch Geschwülste und eiternde Wunden gekennzeichnet. Signora Maggi stellte diese Frau einem Freund vor, welcher es liebte, die Fäkalien von alten und armen Frauen zu verspeisen, weil sie leckerer seien. (Maggi 2009: 295) Signora endet das zweite Filmkapitel mit der Behauptung, dass den leckersten Kot eine Frau besitzt, welche gerade ihr Todesurteil erfahren hat. Der weibliche Kot ist das zentrale Objekt libertinärer Besessenheit, was wiederum die eindeutige Darstellung der Weiblichkeit enthüllt. (Maggi 2009: 296) Die Weiblichkeit, als die symbolische Brücke zur Natur, wird in ein Nichts umgewandelt, wobei die Frau als ein nicht existierendes, entstelltes Wesen nur in den männlichen, grotesken Wunschträumen vorkommt. Die Betonung auf die pervertierte Sexualität und die Ausscheidungsprozesse in *Salò* ist eine Art von Bachtin geprägter Idee des grotesken Realismus, in dem marginalisierte Aspekte des Realen ohne Idealisierung gezeigt werden.

Der Herzog betont, dass die Frau eine „falsche" Natur hat, die unter libertinäre Kontrolle gebracht werden müsse. Er sieht auch in der Freundschaft zwischen den Frauen eine gefährliche und hart zu bestrafende Verbindung. Die Frau repräsentiert die Fruchtbarkeit der Natur, welche die Libertins zerstören wollen. Der Herzog ekelt sich vor der Vagina, weil sie einen Gegenpol zum Anus bildet, dem unfruchtbaren Loch und Kämpfer gegen die Natur. Daher ist der heterosexuelle Geschlechtsverkehr die größte Gefahr der libertinären Philosophie. Dieser Akt wird in Verbindung zur Religion gebracht, da beides ernsthaft gegen die libertinären Gesetze verstoßen. Pasolini hebt aber auch indirekt die „Falschheit" der männlichen Homosexualität hervor, welche der wichtigste Ausdruck seiner Libertins ist. In *Salò* wird die Heiligkeit der Heterosexualität als Aufbewahrungsort der mythischen und jetzt für immer verlorenen Existenz der Mutter zerstört. Aus dieser Sicht sind auch die zwei Hochzeitszenen zu interpretieren. (Maggi 2009: 299) Bei der Hochzeit zwischen Sergio und Renata liegen die Jungverheirateten in einer Szene nackt auf dem Boden. Der Höhepunkt dieser Hochzeit ist nicht der Moment, als dem jungen Paar der Geschlechtsverkehr verboten wird, sondern die Sequenz, in der sich seine „Exzellenz" an den Herzog von hinten anschleicht, seine Hose herunter zieht und ihn von hinten penetriert. (0:45:03) Währenddessen befummelt der Herzog Renata, welche später seine Exkremente schlucken muss. Bei dieser Hochzeit wird der natürliche Ausdruck der Liebe zwischen Mann und Frau beschmutzt und durch Sodomie verhindert. (Maggi 2009: 300) In *Salò* nichts Neues – alles läuft ernst und ordnungsgemäß ab; das Zeremonielle, das Hochoffizielle betont und verstärkt die Widersprüchlichkeit und Kluft zwischen dem Realen (*Salò*) und der Realität. Das Reale von *Salò* wirkt wie ein flüchtiger und immer stärker werdender Krampf – tief verankert in den tektonischen kulturellen Linien. Sein Beben hat ein groteskes Antlitz.

In *Salò* ist das Kotbankett ein Ritual – die Exkremente, die gegessen werden stellen die Sprösslinge einer neuen kulturellen und gesellschaftlichen Ordnung dar. (1:10:59) Die Fäkalien sind ein Zeichen einer neuen immer währenden Dekadenz, Zeichen eines verdrehten und konstanten Systems. (Maggi 2009: 304) Die erste Salò-Hochzeit ist eine Erinnerung daran, wie eine Hochzeit aussehen könnte. Die zweite Hochzeit ist realer, da sie paradoxerweise die Schändung des Originals (des gestorbenen Rituals zwischen Renata und Sergio) repräsentiert. Intime Momente sind ausgeschlossen oder verdreht, was in dem Moment kulminiert, als sich „seine Exzellenz" Kot beschmiert Sergio nähert und ihn küsst. (1:12:32) Laut Maggi ist dies die obszönste Szene im Film, weil der Libertin seinen Bräutigam als Ausdruck väterlicher Zuneigung auf die Stirn küsst – auf diese Weise wird die inzestuöse Konnotation dieser grotesken Feier stark betont. (Maggi 2009: 306) Pasolini ist es gelungen, die Perversität des de Sadeschen Kotbanketts ohne Darstellung von sexuellen Handlungen hervorzurufen. „Seine Exzellenz" ist der Einzige, der sich in den Mund seines Bräutigams „entlädt", was eine richtungsweisende Interpretation von de Sade ist, wonach Libertins weit geöffneter Mund mit dem Anus gleichgesetzt wird. Widersprüchlich ist die Aufforderung der Libertins, das nichts (was man „entlädt") verloren gehen darf, wobei im grotesken realen Raum von Salò nur das Nichts wirklich existiert. Daher kann das Nichts nicht verloren gehen und die Ansammlung von Nichts sorgt als wichtiges Prinzip der neuen Weltordnung für Verwirrung.

Beide Banketts in Salò sind Sodomie zelebrierende Rituale mit Silberbesteck, eleganten Tellern, Servietten, Wein und Wassergläsern. Sexuelle Handlungen geschehen meistens am Esstisch und werden in Vorführung und Bedeutung aufgeteilt. Faschistische Libertins zelebrieren die Bedeutung der Sodomie durch die Anspielung auf sexuelle Akte und betonen dadurch deren ewigen Sieg. Selbst im Moment, als ein Gardist zuerst ein Mädchen, und dann den Präsidenten anal penetriert, beherrschen sich die Beteiligten und bleiben still – so wie man es bei einem offiziellen und quasi religiösen Treffen erwartet. (0:30:41) Claudio, der seine Mutter ablehnte, spuckt während der Zeremonie auf den Hintern eines Mädchens und betont damit die Bedeutungslosigkeit der beteiligten Frauen während des Sodomierituals. Die Frauen empfinden Sodomie als etwas Gewalttätiges, während zum Beispiel der Präsident darum bittet. Die Passivität vom Libertin und dem Mädchen während des Sodomieaktes unterscheidet sich radikal. (Maggi 2009: 310)

Während der Präsident „sodomisiert" wird, fangen die Gäste an, am Esstisch ein Kriegslied zu singen. (0:32:13) Laut Maggi stellt dieser Moment die melancholischste und bewegendste Sequenz des Films dar. (Maggi 2009: 312) Plötzliche Trauer entsteht aus der Leere und erobert die Herzen der Anwesenden. Die wichtigsten Worte des Kriegslieds sagen, dass die wertvollste Jugend beerdigt wurde. Während dieses Satzes sind zwei attraktive junge Männer im Bild zu sehen, was womöglich den berührenden Moment verstärkt. Die plötzliche Melancholie erobert das ganze Bankett. Es wird der Eindruck erweckt, dass die jungen Männer das Trauerlied ihres eigenen Todes mitsingen. Der Schmerz des vergewaltigten Mädchens, Belustigung und Genuss während des Festaktes verwandeln sich in eine melancholische Leere. In dieser Szene verwischen kurz die Grenzen zwischen *Salò* und dem „Draußen". Das Groteske hat es geschafft, vom Rande ins Kulturinnere zu gelangen. Ein isolierter Mikrokosmos macht hier dasselbe vor, was auf der Makroebene der Kultur über längere Zeit ständig geschieht – ein „ewiges" Zerstören und wieder Aufbauen.

Die Ursache der Ermordung des Mädchens am Schrein der Jungfrau Maria ist schwer zu entschlüsseln. (0:34:53) Der unbekannte Mörder repräsentiert eine anonyme Exekution. Das Mädchen wurde nach einer „religiösen" Bemerkung weggebracht; ihr Tod hat keinen Wert, da er nicht gezeigt wird. Damit wird verdeutlicht, dass das Verhalten des Mädchens das libertinäre System und deren Triebanspruch keineswegs befriedigt. Das System selbst ist möglicherweise der Exekutor am Schrein. (Maggi 2009: 315) Dieser Mord steht im Widerspruch zur libertinären Idee, den Menschen tausendfach, „bis an die Grenze der Ewigkeit" (1:22:22) umbringen zu wollen – daher kann er auch als ein Fehler im System (oder zumindest als ein emotionaler „Ausrutscher") interpretiert werden.

Bei der Suche nach dem schönsten Hintern (1:19:14), zielt Pasolini nicht auf die Schönheit dessen, sondern auf die Bedeutung und Funktion seiner Schönheit. (Maggi 2009: 317) In einem dunklen Raum leuchten die Libertins mit einer Taschenlampe auf die Hintern; die Opfer haben eine betende Stellung. Das Auswahlverfahren ist ernst und quasi demokratisch. Nach den konstruktiven und gut argumentierten Kommentaren wird ein Konsens erreicht und der Sieger wird ernannt. In dieser Sequenz wird das masochistische christliche Volk im demokratischen Verfahren gedemütigt, was die „faschistische Anarchie der Macht" nur noch stärker festigt. Die starke Verzerrung, Vermischung und Verkehrung geben diesen Bildern ein grotesk-komisches Gesicht.

Weil der Hintern wie ein roter Faden in *Salò* wirkt, nimmt er auch eine neue Interpretation des Vorstellungsbildes vom „Arsch" in Anspruch. Am Ende des ersten Kreises wird die Schändung der Mutter und ihrer Zeichen dargestellt. Als Signora Vaccari ihren Hintern lobt, folgt die Sequenz eines Libertins mit der Jungfrau Maria im Hintergrund – im Mittelpunkt ihrer Aufführung steht damit nicht der Hintern, sondern die „Jungfrau" und die „Mutter". Diese Reihenfolge erklärt vielleicht, warum sich der Diskussionsverlauf ändert – weg von der Schönheit des weiblichen Hinterns zur Ejakulation und zum Orgasmus von Sergio und Renata. Der „Arsch" als Sodomiezeichen bezeichnet die Herabsetzung der mütterlichen Jungfräulichkeit. Der Hintern ist nicht nur ein materieller Teil des Körpers, sondern noch mehr angeeignete kulturelle und sexuelle Bedeutung im Kontext der italienischen (beziehungsweise westlichen) „faschistischen" Gesellschaft. (Maggi 2009: 317) Die kapitalistische Produktion wird in *Salò* mit der „Arschproduktion", die Arbeit wird mit der unfruchtbaren Penetration gleichgesetzt. Der Kot ist nicht nur eine Metapher für das „faschistische" System, sondern auch sein wichtigstes Endprodukt.

Dass Pasolini auf einen Körper besteht, der als Objekt im Besitz einer fremden Macht ist, zeigt deutlich die erste Hochzeitsszene. Als Sergio und Renata gequält werden, stellt der Herzog dieses Verhalten als einzigartige und bestrebenswerte Geste für Libertins dar – als die Geste des Todes, welche in der Lage ist, das schon stille Idiom vom Sex zu absoluter Stille zu bringen. (Maggi 2009: 321) Die Erscheinung des Blutes in *Salò* wird mit der konsequenten Erniedrigung der Opfer in Zusammenhang gebracht. Das Fließen des Blutes bezeichnet die universelle und unhinterfragbare Übermacht des Gesetzes. Falls jede Autorität ein Ausdruck des Willen Gottes ist, dann ist die libertinäre Gewalt nicht nur in der Natur der Dinge enthalten. Da die Libertins über die absolute Autorität in ihrer privaten Gesellschaft verfügen, sind ihre Gedanken und Taten mit dem Willen Gottes gleich zu setzten. Das Blut fügt sich in das Ritual ein – es stellt einen Teil der religiösen Enthüllung bei der Unterwerfung der Opfer vor dem Gesetz dar. Demütigung und Erniedrigung sind in *Salò* die „Privilegien" der Frauen und als eine Form der Feminisierung zu betrachten. (Maggi 2009: 323)

Ein weiterer Aspekt der Erniedrigung der Opfer ist die Zerstörung ihrer individuellen Anwesenheit. Ihre soziale Präsenz und ihre Handlungen geschehen ausschließlich durch den intellektuellen „Trieb" des Meisters. So ist beispielsweise Renata die Erste, die gezwungen wird das Essen wie ein Hund vom Boden zu fressen. Danach wird sie gezwungen Herzogs Kot zu essen; später wird sie vom Herzog mit Zuneigung angelächelt und am Kopf getätschelt. Im nächsten Filmkapitel kann der selbe Libertin nicht verstehen, dass Renata in Tränen ausbricht, als sie seine Erzählung an den Tod der eigenen Mutter erinnert. Signora Vaccari fügt ein, dass es sich um das selbe Mädchen handelt, das auch während des „Interviews" in der „Vorhölle" wegen des Todes ihrer Mutter weinte. Damals hatte der Herzog gewaltigen Respekt vor Renata; jetzt ist sie in Vergessenheit geraten, als ob er sie noch nie gesehen hätte. (Maggi 2009: 324) In der grotesken Dekonstruktion von *Salò* wird die Existenz der Individuen ständig verneint – das Groteske lehnt Individualismus ab.

Die nackten „Menschenhunde" auf dem Boden wirken wie hoffnungslose und entstellte

Körper. (0:49:21) Deren Entmenschlichung symbolisiert die groteske Liquidierung einer bestehenden kulturellen Ordnung. Der Akt des Essens vom Boden symbolisiert nicht die Schändung der Mutter, er ist ein Akt des ritualisierten Vergießens des Blutes der Opfer und ein Symbol der Stärke der libertinären Gesetze. (Maggi 2009: 324-325) Die Fütterung am Ende des ersten Kreises unterstreicht die Macht des Gesetzes. „Seine Exzellenz" schiebt Nadeln in das Essen und bietet es einem Mädchen an, das sich zum Boden neigt und zubeißt. Sie schreit zuerst ohne dabei das Essen auszuspucken, wonach Blut aus ihrem Mund fließt. (0:51:50) In diesem Moment findet eine Verschmelzung zwischen Blut (Körperprodukt) und Nahrung (Systemprodukt) statt. Im nächsten Kreis wird Renata gezwungen Herzogs Kot aufzuessen. Blut und Scheiße sind zwei Seiten eines Aktes – Füttern und Gefüttert werden. Beide Fütterungsszenen zeigen aber zwei unterschiedliche Rituale – das erste Ritual zeichnet sich durch die Opferung aus (durch das symbolische Blutvergießen); im zweiten Ritual stellt Renata einen immer wiederkehrenden Missbrauchsakt dar. Aus beiden Situationen kann man schließen, dass das libertinäre prototypische Opfer zugleich geopfert und gedemütigt wird. (Maggi 2009: 325) Laut Maggi ist der Frauenkot in *Salò* ein Zeichen des Todes – so gesehen „scheißen die Frauen ihr Leben aus"; sie sterben symbolisch in dem Moment der „Entladung", welche gleichzeitig Kot und Körper ist. (Maggi 2009: 328-329)

In der Schlussfolgerung stimmt die Einführung der männlichen Homosexualität als der einzig legalen Form der sexuellen Handlungen mit der libertinären Gesellschaft überein. Die Brücke zwischen Sodomie und der Zukunft nach dem Ende (der geheimen Gesellschaft) wird in *Salò* gebaut. In der „Vorhölle" wird die geheime Gesellschaft gegründet, während die ersten zwei Kreise die Vorbereitung für die Geburt einer neuen Weltordnung darstellen. Im ersten Kreis dreht sich alles um die „Entladung", welche durch die Verneinung oder das Scheitern des sexuellen Kontakts ausgelöst wird. Nach der Verneinung des Geschlechtsverkehrs folgt die Verneinung der Mutterschaft (durch die Erzählungen über die Muttermorde) oder das Entstehen einer verdrehten Mutterschaft. Die Figur der Mutter im zweiten Kreis ist durch die Anusgeburt gekennzeichnet. Eigentlich handelt es sich in den beiden Kreisen um die gleiche Negation – die Verneinung des Geschlechtsverkehrs (durch die Ablehnung der Vagina), womit der Kot als neuer Fötus kreiert wird. Am Ende des zweiten Kreises wird die neue Form der Mutterschaft gefeiert. Symbolisch geschieht dadurch die Geburt einer neuen gesellschaftlichen Ordnung, welche im letzten Kreis aufblüht. Ab dem Zeitpunkt in dem die neue Ordnung geboren wird, kann die durch die

Libertins gegründete geheime Gesellschaft aufgelöst werden. (Maggi 2009: 330)

In *Salò* geht es nicht um die Löschung, sondern um die Verwandlung der Vergangenheit, wobei sich die menschlichen Wesen in Monster einer ewigen Neuordnung verwandelt haben. Ihre Monströsität zeichnet sich durch ihre Leugnung der Zeit aus, dadurch werden sie unveränderbar. *Salò* ist ein Schnittpunkt zwischen dem Tod der einen und der Geburt einer anderen Menschheit; Pasolini öffnet die Tür für diese bedeutsame Revolution. (Maggi 2009: 336) *Salò* ist der Übergang, zwischen zwei Epochen, welcher durch das Medium des Grotesken wie ein „kultureller Virus" durch den Kinosaal in die Gesellschaft gestreut wird.

Salò kann kein wirkliches Ende bieten – ein Ende würde auf eine Schließung anspielen, auf eine Art kathartische, befreiende Auflösung. (Maggi 2009: 337) Die Tötung der Opfer ist kein Ende. In der letzten Szene wird die Aufmerksamkeit auf die Gardisten gelenkt (vor allem auf Claudio, der in der Vorhölle seine Mutter zurückweist). Claudio bittet seinen Kollegen um einen Tanz; ein indirekt homoerotischer Unterton wird im starrenden Blickaustausch der jungen Männer wahrnehmbar. (1:51:30) Während sie tanzen, fragt Claudio Maurizio nach dem Namen seiner Freundin. „Margarita" antwortet Maurizio, welches das letzte Wort des Films ist. Hier ist es offensichtlich, dass diese zwei Gardisten wissen, dass sich deren Leben nach der libertinären Gesellschaft in *Salò* nicht bedeutsam verändern wird. Claudio nimmt an, dass auf Maurizio nach dem ganzen „Salò-Auftritt" seine Freundin wartet. Die beiden gehören zu den (heterosexuellen) Männern, deren Macht unberührt bleibt. Vor und nach dem Sturz durch die sexuelle Revolution und den dekadenten Abstieg der väterlichen mythischen Ordnung wählen solche Männer die „richtige" Seite. Der kurze Flirt zwischen den beiden ist keine Perversion für sie. Sie können homosexuelle Handlungen ausüben, ohne durch diese verdorben zu werden. (Maggi 2009: 338) Sie können sich in jedem System im „Draußen" anpassen und sind sogar bereit als engagierte Bürger noch viel mehr zu tun.

Das letzte Wort in *Salò* – Margarita (Gänseblümchen) symbolisiert Reinheit, Einfachheit und Ehrlichkeit. Margarita wartet auf ihren jungen Freund, der an der Verfolgung, Folter und Ermordung anderer Menschen teilgenommen hat. In *Salò* ist mehrmals zu sehen, dass Renata eine Haarnadel mit einer Schnur aus Gänseblümchen trägt. In Anbetracht dieses Aspekts kann „Margarita" als ein Echo des ursprünglichen und unverzichtbaren Konzepts der Mutterschaft im ganzen Film interpretiert werden, als Vorstellungsbild der Erinnerung, des Familienunterschlupfs. Das Bezeichnende dieses Vorstellungsbildes (das wartende

Mädchen) zeigt die gegenwärtige Realität, die durch das Wort „Margarita" vorgeladen wird. Claudio wird das Mädchen heiraten; er kehrt sogar zu seiner Mutter zurück, die er schon zurückgewiesen hat. Laut Maggi endet *Salò* schlüssig und mächtig – mit zwei tanzenden Gardisten, welche einen Neuanfang feiern. (Maggi 2009: 338) Das Ende von *Salò* sei zugleich der Anfang, vielleicht mit dem Moment der Geburt einer Nation vergleichbar. Nach der Enthüllung und Dekonstruktion der Kultur durch das Groteske wird am Ende etwas Neues aus dem Alten geboren: ein neues kulturelles Konstrukt führt die Menschheit in das Unheimliche und Ungewisse. Das Groteske wird jedoch auch in einer neuen Epoche das Fremde, Grenzwärtige und Maßlose bleiben.

5.3 Das groteske „Erdbeben" - „*Salò*" aus soziokultureller Sicht

Objekte des Begehrens sind in Pasolinis Filmen im Unterschied zu Hollywood und zu den Erwartungen des Zuschauers meistens die männlichen Körper. (Indiana 2000: 10) *Salò* ist eines der wenigen „Kunstwerke", welche eine große Dichte an Schockeffekten beinhaltet. (Indiana 2000: 11) Die „unbegreiflichen" Szenen im Film sind nicht als tagtägliche Moralpredigten zu verstehen. Sie zeigen den verdrängten Teil menschlicher Realität und symbolisieren die Rückkehr des Verdrängten. Durch ihren grotesken Tabubruch zerschmettern sie die existierenden kulturellen Normen. Die Frage „wie sind wir Menschen" bleibt unbeantwortet, aber viele Konsequenzen der skurrilen menschlichen Organisation sind „zwischen den Zeilen" dargestellt. Pasolini verbindet beispielsweise das gemeinsame Kotessen mit der Massenherstellung des Essens in Industrieländern. (Indiana 2000: 13) Der Kot wird in *Salò* sogar von Faschisten als Spezialität behandelt, als ein exzellenter „Meisterwurf" des Kapitalismus.

Salò provoziert auch, indem der „normative Rassismus" an den Grenzen der repressiven Toleranz dargestellt wird. (Indiana 2000: 15) Die unausgesprochene Norm („Wir werden dich akzeptieren, wenn du genau so bist wie wir.") ist im Kontext des totalitären Staates überflüssig. Sie ist eher ein Merkmal moderner Demokratien. Wie in den Gesellschaften des Spätkapitalismus, ist auch in *Salò* das Leben des Individuums ein großes Geheimnis. (Indiana 2000: 42) Bei der kurzen Heiratsszene am Filmanfang ist nicht klar, wer wessen Tochter ist. (0:07:45) Die Mädchen und ihre „Liebhaber" sind nicht wie üblich psychologisch dargestellte Subjekte, sondern austauschbare Objekte. (Indiana 2000: 44) Auch die Rollen werden neu verteilt. De Sade behauptete, dass die bürgerlichen Väter mit ihren Töchtern Geschlechtsverkehr hätten. In *Salò* werden die Töchter Bedienstete, während ihre

Väter männliche Liebhaber haben. (Indiana 2000: 45) Im Film schwebt die Frage nach dem Bewusstsein der Opfer und nach ihrer Unfähigkeit, das weitere Geschehen zu beeinflussen. (Indiana 2000: 49) Die sadistischen Täter scheinen im Gegenteil zu den Tätern bei de Sade, durch den Sexualakt nicht befriedigt zu sein. Die Sexorgien in *Salò* können auch als ein Symbol der Sättigung, des Untergangs einer Zivilisation interpretiert werden. Die Idee von einer „faschistischen Anarchie" zieht sich durch den ganzen Film durch. (Indiana 2000: 69) Die grotesken Machthaber führen die Menschheit in eine neue Ära, in der sich die Grenzen des Möglichen und des Vorstellbaren verschieben.

Kinder sollen in der „Salò-Welt" gar nicht wissen, wer ihre Eltern sind. Jeder Sexualakt ist als etwas Schreckliches dargestellt, während die Lebendigkeit der Erzählerinnen grotesk wirkt. (Indiana 2000: 71) Die Erzählungen von Signora Maggi greifen tief in die Normen der Gesellschaft ein. Das Töten der eigenen Mutter ist in der christlich geprägten Kultur eine enorme Provokation. Als Renata, deren Mutter starb, weinte und sich auf Gott bezog, wurde sie daraufhin gezwungen Kot zu essen. Ab diesem Moment ist eine Wende im Film nicht mehr möglich. Diese Szene schockiert in heutigen Zeiten genauso wie vor dreißig Jahren – sie ist gleichzeitig extrem schrecklich und lustig. (Indiana 2000: 73) Es könnte sogar eine Parallele zum Kannibalismus gezogen werden – in der Villa essen sie sich gegenseitig auf, um die Kraft für den weiteren Kampf zu sammeln. (Indiana 2000: 79) Alle Protagonisten könnten mit einer monströsen, schwammigen, undefinierbaren, beliebig trennbaren und sich wieder vereinigenden Masse verglichen werden. Die groteske Maßlosigkeit und Asymmetrie ist in der Filmsprache von *Salò* wie ein sich ständig wiederholender Vorgang (beispielsweise sind bei der Darstellung der Körper häufig Mund, Vagina, After, Wunden, Brüste und Penis zu sehen).

Regeln und deren Brüche ziehen sich durch den ganzen Film hindurch. Ein Bruch der Regeln wird bestraft; jeder Regelbruch in *Salò* symbolisiert die Rückkehr des Verdrängten – einen Ausdruck des Grotesken im soziokulturellen Sinne. Gleichzeitig können viele Regeln im Film als grotesk beschrieben werden wie zum Beispiel die Suche nach dem schönsten Hintern, dessen „Besitzer" getötet werden soll. Obwohl die Kritiker *Salòs* auf Monotonie, Widersprüchlichkeiten und Didaktik im Film hinweisen, ist es schwierig, einen anderen Film zu nennen, der so verstörend auf die Menschen wirkt. Für viele ist dieses Werk inakzeptabel, obwohl es ein Lebensmodell des zwanzigsten Jahrhunderts darstellt, das viele kennen gelernt haben – durch die Metapher des Feudalismus, eingehüllt in multinationale Zusammenarbeit, durch staatlichen Militarismus und durch die Darstellung der Realität durch das Symbolische. (Indiana 2000: 90)

Pasolini hat vor seinem Tod Folgendes gesagt, was er in *Salò* konsequent durchgeführt hat:

> „Was die Künstler machen müssen – und die Kritiker verteidigen und alle Demokraten in einem entschlossenen Kampf von unten unterstützen müssen –, sind Werke, die so extremistisch sind, dass sie selbst noch für die aufgeschlossensten Ansichten der neuen Macht(-haber) inakzeptabel sind." (Pasolini zitiert nach Kuczok 2008: 10)

Pasolini vereint in *Salò* religiöse Symbole, sexuelle Abweichungen und verbale Pornographie. (Kuczok 2008: 14) Der Tod der Opfer ist, wie bei de Sade, angekündigt – die Opfer sollen lange mit dem Todesurteil leben. Laut Kuczok schöpfen die Täter ihr besonderes Vergnügen vor allem durch die Transgression und nicht durch die Kopulation.(Kuczok 2008: 15) Dadurch erklärt sich der Genuss der Täter bei der passiven Rolle beim Analverkehr oder beim Kotessen. Sie bewegen sich dadurch auf der Ebene der Opfer und überschreiten eine von sich selbst aufgestellte Grenze. In *Salò* kann die dargestellte Hölle keine Art von Liebe zulassen. Sex ist nur eine Form der Macht, der bedingungslosen Dominanz. Homoerotische und anale Leidenschaft stellen eine Trennung der Kopulation von dem Fortpflanzungszusammenhang dar. Aus solchem Schmerz kann nichts entstehen – es ist unfruchtbar. (Kuczok 2008: 18) Pasolini hat, so Donner, Erfolg bei seinem Bestreben, *Salò* jeden pornographischen Anstrich zu nehmen. (Fischer 1983: 59) Donner sah im Film ein zwanghaft absolviertes Mysterienspiel und eine nüchterne Inszenierung – Verzicht statt Erotik, Verfremdung statt Geilheit. Die plötzliche Erregung der Libertins wirkt laut Fischer unverständlich und unbeabsichtigt grotesk. Grotesk ist genauso die Wirkung der koprophilen und koprophagischen Szenen in *Salò*. (Fischer 1983: 63) Der plötzliche Themenwechsel findet im Film häufig statt, und fordert die menschliche Psyche zu einer zerstückelten und traumatischen Reise im Realen auf.

Theweleit behauptet in seinem Buch *Männerphantasien* (1977), dass eine universelle Struktur der Gewaltausübung von Herrschenden existiert. (Theweleit 2003: 211) Er beschränkt sich nicht nur auf den Nationalsozialismus, sondern zieht Parallelen zwischen den bestimmten antiken „Männergesellschaften" und ähnlichen Strukturen der Gegenwart. Theweleit sieht seine These in Einsichten französischer Theoretiker (Deleuze, Foucault und Guattari) gestärkt, indem auf die gesellschaftsgenerierende Kraft bestimmter Körperstrukturen hingewiesen wird. Die Strukturen des Körpers werden durch Institutionalisierung (unter anderem Schulen, Sport, Gefängnisse) immer wieder durch neue Technologien modifiziert und weiter erzeugt. Theweleit erkennt die Darstellung einer solchen universellen Struktur der männlichen sadistischen Gewalt der Herrschenden auch in *Salò*. (Theweleit 2003: 212) Die gedemütigten Körper in *Salò* werden durch ihre Herrscher dazu gezwungen, in die Mitte der „Salò-Grotte" zu springen. Ihre marginalisierten Körper erreichen den Mittelpunkt der Kultur und Verdrängen die etablierten Körperdarstellungen zugleich.

Pasolini stand, so Theweleit, an der Schnittstelle der drei großen Protestbewegungen gegen die staatliche Macht: der politischen, der sexuellen und der mystischen. (Theweleit 2003: 143) Mitte der siebziger Jahre waren Pasolinis Hoffnungen in allen drei Bereichen zerstört. *Salò* stellte für ihn sowohl den deutsch-italienischen Folter-Faschismus, als auch den „neuen Faschismus" des modernen Kapitalismus dar. (Theweleit 2003: 150) Pasolinis vier Libertins geben zu, dass sie stolze Faschisten sind: „Wir Faschisten sind die einzig wirklichen Anarchisten". (0:38:33) Die einzige Bedingung einer solchen Anarchie ist, dass die Faschisten die Macht des Staates ergreifen. (Theweleit 2003: 167)

Salòs Universum als faschistisch geordnete Anarchie der Macht ist an sich ein grotesker Widerspruch, weil die Anarchie eine Gesellschaft darstellt, in der jegliche Art von Herrschaft abwesend ist. Pasolini hat de Sade nicht nur in die Zukunft, sondern auch in die Vergangenheit (in Dantes Florenz um das Jahr 1300) durch die Einteilung in drei Höllenkreise, versetzt. (Theweleit 2003: 180) Dadurch weist Pasolini auf eine Kontinuität der Gewalt, die auf dem europäischen Kontinent durch die Herrschenden verübt wird. In *Salò* sind die Opfer unter „Laborratten-Bedingungen" gestellt. Die Dichte an sexuellen Nötigungen, anderen Formen von Gewalt und die „inakzeptablen" Erzählungen schaffen einen andauernden Widerspruch, eine unerträgliche Dissonanz, welche im westlichen Kulturverständnis nicht vorgesehen ist. (Theweleit 2003: 182) Die Mixtur aus Geist, Wichsen, Spaß und Mord der Herrschenden ist auf der Kinoleinwand schwer zu ertragen. (Theweleit 2003: 184) *Salò* bricht mit einem „weiter so". Das groteske „Es" stellt die neuen Grenze des Vorstellbaren dar und verursacht eine Verschiebung von alten Grenzen. Das Monströse in *Salò* wird konstant und willkürlich bis zum kompromisslosen Ende gesteigert, welches zugleich einen Neuanfang vorbereitet.

Pasolini übernimmt in *Salò* von de Sade vier Frauenfiguren, welche den vier Libertins als

Ergänzungskräfte dienen. Sie werden als blondierte deutsche Chansonetten dargestellt – eine Art unheimlicher Mischung aus Edelpuffmüttern und leidenschaftlichen KZ-Folterinnen. (Theweleit 2003: 193) In ihrem Auftreten wirken diese Frauen als Mischwesen einer neuen Weltordnung – sie sind entmenschlichte Menschen. Bei der zweiten Hochzeit im Film sind der Herzog, der Präsident und „seine Exzellenz" als Frauen verkleidet und heiraten die ausgewählten jungen Männer. Der Bischof ähnelt einer Symbiose aus Pharao und Aztekenkönig. (1:25:17) Er wird zum Mischwesen, das den Spiegel der komplexen und heuchlerischen Kultur repräsentiert. Die verkleideten Libertins und die strenge Organisation der ritualisierten Hochzeit verstärken den grotesken Wahnsinn. Nach der Zeremonie gehen die Libertins in die Einzelzimmer und lassen sich von den Jungen animalisch ficken. Die Libertins ejakulieren immer außerhalb des menschlichen Körpers, während sie selbst Sperma empfangen. (Theweleit 2003: 198) Denn nur so können die Machthaber sicher sein, dass neues Leben nicht entsteht – nur absolute Kontrolle ermöglicht den Epochenwechsel.

Für die Libertins ist das schwerste Verbrechen der Gefangenen deren heimlicher Lustgewinn. Bei der Suche nach dem, wer mit wem nachts schläft, retten sich die Beschuldigten durch das Verraten weiterer „Sünder". Die Suche endet bei einem „exotischen" Paar – bei einem farbigen Mädchen, dessen Liebhaber sich als Mitglied der italienischen „Resistenza" entpuppt. Der Junge denunziert keinen, stattdessen reckt er die linke Faust den faschistischen Libertins entgegen, (1:35:34) woraufhin er von Kugeln durchlöchert wird. Damit wird die Verratskette beendet. Dies ist der einzige Mord im Film, welcher aus dem Lustrahmen springt. Der Moment stellt eine politische Botschaft der Hoffnung dar. (Theweleit 2003: 203) Dieses Paar hatte Geschlechtsverkehr in beiderseitigem Einverständnis – das einzige Mal ist Sex als Zeichen der Zuneigung dargestellt, was dem Gedanken der anarchischen Macht der Libertins widerspricht. (Stiglegger 2000: 155) Diese „revolutionäre" Filmsequenz steht im völligen Kontrast zur „grotesken Anarchie", welche als die Ideologie der Herrschenden unbesiegbar bleibt.

Laut Viano ist Pasolinis Idee in *Salò* allegorisch zu verstehen – wie die „neue Macht" des Kapitalismus die menschlichen Körper verändert hat. (Viano 1993: 297) Innerhalb des allegorischen Raums *Salò* stellt ein mächtiges Argument zugunsten der Realität dar. Pasolini sieht in der „neuen Macht" das Gefängnis des letzten Bollwerks der Realität: eine Matrix, die keinen Ausweg bietet. Alles außerhalb der dominanten Logik war für Pasolini die wirkliche Realität, während der postindustrielle Staat mit seiner Konsumgesellschaft als eine Realitätsvernichtungsmaschinerie angesehen wurde. Indem Pasolini das Vernichten des letzten Realitätsbollwerks anklagt, beklagt er eigentlich, so Viano, das Verschwinden vom Sinn, von der Bedeutung. (Viano 1993: 298) Pasolini bedauert den Verlust der äußeren Realität und die Reduktion von allem auf einen einzigen Diskurs – wer bestimmt die Regeln der „gesellschaftlichen Texte". Pasolini bleibt laut Viano alleine mit seinem Zeichensystem, das jegliche Bezugsdimension mit dem Außen verloren hat. Damit ist er selbst nicht mehr in der Lage, die Realität zu entwerfen. Viano interpretiert *Salò* als eine bittere und extreme Parodie, auf die Feinde des „Realismus", der „wahren Realität"gerichtet. (Viano 1993: 302) So ist beispielsweise der Selbstmord der Klavierspielerin (1:44:51) als ein Zeichen ihrer stillen Rebellion anzusehen, und zugleich ist dieser Suizid ein Gewaltakt der realitätsfremden Herrschaft. (Viano 1993: 310-311) Die Pianistin sucht ihre Verbindung mit der Realität, die nur außerhalb des dominierenden „Spiels" zu finden ist – ihr Sprung aus dem Fenster, nach „draußen", schafft ihr die Verbindung mit der Realität außerhalb der Matrix. (Viano 1993: 311) Die suizide Flucht der Pianistin ist auch ein Versuch, die „Salò-Kultur" mit ihrem Fremden zu verbinden; der Akt dieses Selbstmordes ist eine materialisierte Form grotesker Rezentrierung.

Anfang der siebziger Jahre war die „kapitalistische Kultur" in das Leben jedes Einzelnen tief eingedrungen. Es wurde diktiert, was man anziehen soll, worüber man sprechen soll, wie man über das Leben denken soll, wie man sich um den eigenen Körper am besten kümmern kann und wie die eigene Sexualität auszuleben ist. (Ryan-Scheutz 2007: 201) Pasolinis größte Hoffnung und gesellschaftliche Utopie waren die Körper der unprivilegierten Vorstadtmenschen. Als diese Hoffnung zerbrochen wurde, inszenierte er laut Stiglegger in *Salò* eine klare Absage an alle humanen Werte. (Stiglegger 2000: 35) In *Salò* wird deutlich, dass nicht mal der menschliche Körper mit seinen Instinkten und Trieben vor Autorität und Macht geschützt werden kann. Sex und Körper galten bis zum Ende der sechziger Jahre als Symbole des Lebens und der Freiheit. Auf einmal repräsentieren sie Unterdrückung und Tod. (Ryan-Scheutz 2007: 201) *Salò* verdeutlicht die letzten Stufen einer modernen Ära, ähnlich wie der „verfilmte" Roman de Sades die letzten Tage der absolutistischen Monarchie Ludwig des XIV. darstellte. Die neu entstandene Gesellschaft ist mit einer neuen Nation und mit einem neuen Gefängnis vergleichbar. *Salò* beschreibt das Ende der Unschuld für die Menschheit – wie eine allumfassende Abwärtsspirale der komplett isolierten und korrupten Welt in der Gegenwart. (Ryan-Scheutz 2007: 202-203)

Das bemerkenswerteste Zeichen der Massenschändung ist die Tatsache, dass die Welt in

Salò ein reines Männeruniversum darstellt. Diese Welt ist ein extremes Beispiel der symbolischen Ordnung, des Vernichtens des Anderen, eines Regimes, in dem das Wort von vier Libertins Gesetz wird. (Ryan-Scheutz 2007: 204) Ich behaupte, dass es viele Parallelen zwischen der patriarchalen „Ordnung" und einer grotesken Dekonstruktion des kulturellen Wertesystems gibt. Das Groteske hat sich in der modernen Zeit gerade aus den patriarchalen Gesellschaftsstrukturen und Institutionen „entfesselt" und alle Bereiche der Kultur erreicht. Vielleicht ist das Groteske auch ein „patriarchales Medium", eine unbewusste Waffe der tief verfestigten Macht der Männer.

Die Kritiker von *Salò* haben die Direktheit der Darstellungen weniger kritisiert, als die offensichtliche Parallele zwischen dem adaptierten literarischen Sadismus und der faschistischen Herrschaft. Pasolini provozierte dadurch, so Stiglegger, eine groteske Fehleinschätzung von historischen Geschehnissen, indem er die Herrschenden als dekadente Perverse darstellt. (Stiglegger 2000: 36) Pasolini betonte mehrfach, dass er sich in *Salò* vielmehr auf die „faschistische" Gegenwart der siebziger Jahre beziehe, als auf die Vergangenheit:

> „Die Botschaft von Salò ist die Anklage der Anarchie der Macht und der Inexistenz der Geschichte...und doch, so ausgedrückt, ist es eine sklerotische Botschaft, verlogen, vorgeschoben, heuchlerisch, d.h. eine logische: von derselben Logik, die die Macht gar nicht anarchisch findet und die glaubt, dass es eine Geschichte gibt. Der Teil der Botschaft, der den Sinn des Films wiedergibt, ist unendlich viel realer, weil er auch alles einschließt, was der Autor nicht weiß..." (Pasolini zitiert nach Stiglegger 2000: 35-36)

Pasolini richtete *Salò* an all jene, die die Macht wegen ihrer Wirkung auf den menschlichen Körper nicht ausstehen können. *Salò* greift die Anarchie der Macht an; laut Pasolini ist nichts anarchischer als die Macht selbst, da sie absolut willkürlich tut, was sie will – gerichtet an ökonomischen Grundsätzen und gegen die gesellschaftliche Logik des sozialen Zusammenhalts. (Pasolini 1984: 170) *Salò* kann aus dieser Sicht als ein verzweifelter und hoffnungsloser Kampf gegen die stattfindende groteske Dekonstruktion der Kultur interpretiert werden. Pasolini benutzt dabei die Mittel des „abstrakten Feindes" - er übertreibt, verkehrt, verzerrt, vermischt und enthüllt das kulturelle Wertesystem in einem verborgenen (un)menschlichen Mikrokosmos.

In der Sexualität sieht Pasolini nicht mehr eine den gesellschaftlichen Zwängen entgegengesetzte Lust, sondern eher die Befriedigung gesellschaftlicher Zwänge.(Pasolini 1984: 171) Daher wird die Sexualität in *Salò* als etwas Hässliches und Zwanghaftes dargestellt. Eine solche Sexualität dient als Metapher für das Verhältnis der Macht gegenüber den ihr unterlegenen Menschen. Laut Pasolini ist der unschuldige Körper vergewaltigt worden. (Pasolini 1984: 173) Die individuellen Sexualleben haben sowohl das Trauma der falschen Toleranz, als auch das Trauma der körperlichen Entartung erlitten. Die sexuellen Phantasien sind zur selbstmörderischen Enttäuschung und formlosen Lustlosigkeit geworden. Daher kann Pasolini gegenüber den Körpern und der Sexualorgane nur noch Hass empfinden. Er betrachtet *Salò* als seinen ersten Film über die moderne, gegenwärtige Welt. (Schwarzt 1992: 644) Wenn die Behauptung von Fuß stimmt, dass die Moderne eine groteske Epoche par exellence ist, und die Absicht Pasolinis war, diese Epoche in *Salò* darzustellen, dann verwundert es nicht, dass *Salò* zum extremen Beispiel für die groteske Dekonstruktion geworden ist.

Laut Stiglegger ist die Darstellung der faschistischen Macht in *Salò* sehr sexualisiert. (Stiglegger 2000: 155) Jede Machtausübung ist mit sexueller Demütigung der Opfer und mit der Stimulation der Täter verbunden. Die Ausübung physischer Gewalt wird nicht von den Helfern (wie es im faschistischen System üblich ist) ausgeübt, sondern durch die Libertins selbst. Elemente der Sexualität reduzieren sich auf Voyeurismus, Zufügung von physischen Schmerzen durch Folterwerkzeuge, Zwang zur Skoprophagie, meist anale Penetration und Zwang zur Entkleidung und zum devoten Verhalten. Pasolinis Blick in *Salò* ist ein personaler und interpretativer, wobei sich die „Schule der Ausschweifung" auf der Ebene der Allegorie und Metapher befindet. (Stiglegger 2000: 156)

In „*Salòs* Sexuallager" ist das Vergnügen unmöglich. Die Libertins werden nicht durch Begehren, sondern durch Impotenz und Frustration getrieben. Deleuze vergleicht *Salò* mit Pasolinis früherem Film *Teorema* (1968) und bezeichnet ihn als tote Theorie, bzw. die Theorie des Todes. (Greene 1994: 235) In *Salò* gäbe es kein Problem, da es kein „Draußen" gibt. Pasolini stelle nicht wirklich den Faschismus dar, es würde eher ein „Faschismus in der Bucht", die Stille in einer kleinen Gemeinschaft, ein kleiner Raum, in dem sich de Sades Experimente entfalten können, gezeigt. (Greene 1990: 199) Barthes unterscheidet zwischen Faschismus als System (einem historischen Phänomen) und Faschismus als Substanz (einem allgegenwärtigen Phänomen) und behauptet, dass die Komplexität des „System-Faschismus" mehr Auseinandersetzung verlange, als dies durch die einfache Analogie in *Salò* dargestellt würde.(Greene 1994: 236) Weiter behauptet er, dass es unmöglich sei, den „Substanz-Faschismus" in irgendein historisches Ereignis zu verankern, weil dadurch nur eine (politische) Facette des Todestriebes gezeigt würde, welcher wiederum, laut Freud, nur als Trugbild existieren kann. Die so geschaffene Substanz in *Salò* hebt einen politischen Vergleich hervor, welcher in diesem Zusammenhang nur als eine „Unterschrift" diene. (Barthes 1977: 66) Die Stärke und Effektivität in *Salò* ist laut Barthes seine Buchstäblichkeit. (Barthes 1977: 64) Im Film sehe man alles, man würde vor nichts verschont. *Salò* habe keine Symbolik, aber verfüge über einen obszönen Vergleich zwischen Faschismus und Sadismus und biete sich für eine gewissenhafte, nachdrückliche und ungeheuerliche literaturwissenschaftliche Untersuchung an. (Barthes 1977: 65) *Salò* ist, so Barthes, mit Allegorie und Literalität geladen, wobei jede Spur von Symbolen, Metaphern oder Interpretationen fehlt. Literalität sei bei der Realitäts- und Wahrheitssuche nicht hilfreich – die Buchstaben würden die Gewissensmaterie verzerren, zu welcher ein Abstand gewonnen werden müsse. Durch Pasolinis Treue zu den Schriften von de Sade, seien in *Salò* sowohl Faschismus, als auch de Sade als Gewissenssubstanz verzerrend dargestellt.

Meiner Meinung nach ist es unklar, ob eine realistische Darstellung von de Sades Schriften, vom Faschismus oder von irgendeiner Wahrheit überhaupt möglich ist. Es ist aber auch überflüssig, Pasolini vorzuwerfen, dass er die Aufgaben nicht erfüllt, die er selbst nicht als seine Aufgaben sieht. Pasolinis Ziel in *Salò* ist es zu provozieren, zu verwirren, zu verzerren, zu zerstören – all dies um eines neuen Anfangs willen. Die Philosophien, Konzepte, Ideologien und Epochen wurden in *Salò* mit Absicht durcheinander gebracht – das Ergebnis dieses Wirrwarrs ist eine brutale und grotesk wirkende Darstellung des Zerstörens und wieder Aufbauens von Kulturmechanismen.

Die Kritiker, welche Pasolini die misslungene Verbindung zwischen Faschismus und Sadismus in *Salò* vorwerfen, haben dabei übersehen, dass Pasolini keine Absicht hatte, Faschismus und Sadismus zu analysieren, sondern über die beiden Phänomene hinauszugehen. *Salò* ist laut Pasolini ein Essay über die Anarchie der Macht und die darauf folgende Konsequenz: die Degradierung des Menschen zur Ware. (Hauer 1987: 71) Pasolini hat dem Zuschauer bewusst eine konstante Identifikationsmöglichkeit entzogen. (Hauer 1987: 76)

In *Salò* sind viele Gemälde zu sehen, welche am Anfang des zwanzigsten Jahrhunderts entstanden sind. Diese Tatsache wirft ein neues Licht auf den Film. Obwohl die Handlung während der letzten Jahre des Faschismus in Italien spielt, weisen die Gemälde (vor allem die der Futuristen) auf eine Zeit und Gesellschaft, in der sich der Faschismus etablierte. (Hauer 1987: 79) Futuristische Künstler glorifizierten all zu oft, so Benjamin, den kriegerischen Charakter der neuen Epoche und erhoben den Anspruch für die Gestaltung eines neuen Menschen- und Gesellschaftsbildes. (Hauer 1987: 80) Deren Ideologie war mit frühen faschistischen Bewegungen und später mit der faschistischen Partei Mussolinis eng verbunden. Sexualität wird in *Salò* zur „Metapher der neuen (gesellschaftlichen) Situation"; der Körper wird zum wertlosen Gegenstand der Herrschenden. Laut Pasolinis „Konsumismustheorie" werden alle kulturellen Phänomene durch Konsumzwänge determiniert, und die negativen Konsequenzen können nur mit Faschismus verglichen und als „neuer Faschismus" bezeichnet werden. (Hauer 1987: 85) Hauer interpretiert weitere Absichten Pasolinis durch die Beobachtung der Abwehrreaktionen der Zuschauer und zieht die Schlussfolgerung, dass *Salò* ins Innerste des Faschismus-Phänomens getroffen hat. Die Protagonisten sind nicht nur Subjekte/ Objekte, sondern sie stellen viel mehr das Verhältnis von (gewalttätiger) Machtausübung und Sexualität in einem System dar, das so „grandios" die Entpersonifizierung von Opfern und Tätern kultiviert hat. *Salòs* Stärke ist, so Hauer, die illusionslose Aufdeckung von faschistischen Strukturen und Wirkungsmechanismen. (Hauer 1987: 90) Hauer könnte mit seinen Behauptungen Recht haben, weil *Salò* tabu- und kulturbrechend, wie ein Bumerang des grotesken Verdrängten, die Kultur der Gegenwart zum Tabu macht. *Salò* ist eine Botschaft der Dekonstruktion von etablierten kulturellen Strukturen.

Fründt konstatiert Pasolinis radikal pessimistischen Blick in *Salò* – das Schwinden von Widerstand, Hoffnung und Menschlichkeit. (Fründt 1994: 167) Die Gesellschaft sei als ein gigantisches Konzentrationslager dargestellt, wo die Opfer den Tätern helfen, während die zynischen Unterdrücker ihre Gewalt mit „Kultur" schmücken würden. „Salò-Kultur" absorbiert alles und zersetzt es bis zum neuen „Urknall" ins Kleinste. Donner betrachtet *Salò* als eine Pathologie der Macht, in welcher de Sades „Gott" mit Pasolinis „Macht" ersetzt wurde. (Donner 1994: 176) Dargestellt wird die Perversität totaler Herrschaft, wobei die sexuelle Perversion zur Metapher für das Verhältnis von Tätern und Opfern wird. Durch die Anarchie der Macht wird der menschliche Körper zur Ware degradiert. *Salò* ist, so Donner, ein Dokument des kompromisslosen Zorns und verzweifelter Trauer.

Greene erklärt die Ohnmachtsgefühle bei den Salò-Zuschauern in erster Linie durch deren Positionierung im Film. (Greene 1994: 237) Sie befinden sich in der Falle der Komplizenschaft zusammen mit den Libertins. Sie werden durch die Beobachtung der Beobachter selbst zu den Tätern gemacht. (Greene 1994: 238) Wenn die Opfer zu Tätern werden, dann werden die Täter „perfekte Beobachter". Ein Libertin bekräftigt sogar, dass die Rolle der

Beobachter wichtig sei – ein intellektueller, erhabener Genuss der Überwachung, ein grotesker Genuss der Komplizenschaft. Die Blicke der Libertins und der Filmzuschauer werden gleichgesetzt. (Greene 1994: 240) Greene beschreibt Pasolini als Benutzer adoleszenter Körper – sowohl im Leben, als auch im Film. Er sei ein Meister des Spektakels, der Darstellung der Riten, der Verwandlung von Gewalt in Theater. (Theweleit 2003: 239) Sie behauptet weiter, dass das Anschauen von *Salò* die Zuschauer mit den Libertins verbinde – sie würden in Teilnehmer von sadistischen Riten verwandelt. (Theweleit 2003: 241) Dadurch nehmen auch die „Nicht-Sadisten" an diesem „Spektakel" teil. Sie werden angesaugt und über die Grenze des Unfassbaren transportiert.

In *Salò* wird das Schicksal der Kultur durch vier teuflische Drahtzieher besiegelt. Der Eros wird durch einen grotesken und klaren Nihilismus genötigt, welcher alle Verschleierungsformen annimmt, bis er sich selbst in Thanatos verwandelt. (Greene 1990: 196) In einer Welt, in der nur eine Villa mit eigenem Theater existiert, werden die Zimmer und Szenen selbst zum Raum der Repräsentation. Cordelli beobachtet, dass es sich in *Salò* um die Beschreibung der eigenen Sprache handelt, genauer: um eine Kritik der Sprache, um eine Selbstkritik. (Greene 1990: 214) Daher ist *Salò* ein meisterlicher Metafilm. Die Sprache in *Salò* ist direkt und geheimnisvoll zugleich – sie ist ein „konkret-abstrakter" und stark betonter Ausdruck eines heuchlerischen, kulturellen Wertesystems der Gegenwart.

Cordelli fragt sich, ob die Tortur von sechzehn Jugendlichen vielleicht ein Zeichen für Pasolinis delirisches Machtbegehren ist, obwohl genau das in *Salò* angeprangert wird. (Greene 1990: 214) Ist nicht das klaustrophobische, luxuriöse und nach Tod riechende Innere der Villa der sterile, weiße, Lacansche Darstellungsraum, in dem alles zum Zeichen reduziert wird und jeder im „Arsch", im „Loch", im „Mangelempfinden" gleichgestellt ist? Sind nicht Gewalt und Sex trotz aller Unterschiede in *Salò* ein gigantisches Spektakel, eine Erscheinung des Kapitalismus? Für Greene ist *Salò* mehr als nur ein Angriff auf Faschismus und Kapitalismus. Er ist auch Kritik am Regisseur selbst, an das Medium Film, sowie an den Zuschauer. (Greene 1990: 216) *Salò* ist ein Werk, das alles in Frage stellt; dessen Sprache, die der grotesken Übertreibung und Dekonstruktion ist.

De Sades Roman – ebenso wie *Salò* – soll aus einer historischen Perspektive betrachtet werden. Während de Sade auf die kommende Revolution hoffte, scheint *Salò* ein Ausdruck der Enttäuschung und Ohnmacht Pasolinis zu sein (bezogen auf die Unfähigkeit gegenwärtiger Gesellschaft, eine neue Revolution zu realisieren). Pasolini ersetzt laut Bachmann das Wort „Gott" mit dem Wort „Macht", wobei vier Sadisten und Faschisten die „Götter" sind.

(Bachmann 1975-1976: 40) Er nutzt eine Theorie von Marx, wonach die Macht eine Kraft ist, welche die Menschen vermarktet, und fügt hinzu, dass die Beziehung zwischen den Ausbeutern und ihren Opfern sadistisch ist. Pasolini meint, dass die neue Konsumgesellschaft die gefährlichste Ideologie sei, da sie selbst die Psychologie der Herrschenden verändert hätte. (Bachmann 1975-1976: 41) Eine der Schlussfolgerungen in *Salò* funktioniert nach folgender Logik: in einer Gesellschaft absoluter Repression ist (wenigen) Menschen alles erlaubt. Pasolinis Absicht war einen kristallklaren Film zu drehen und magmatische, chaotische Elemente dabei auszulassen. (Bachmann 1975-1976: 42) Nach Pasolini sind magmatische Filme realistischer, weil wenige Regeln zu beachten sind – je perfekter ein Film, desto realitätsfremder ist er. (Bachmann 1975-1976: 43) *Salòs* extreme Abweichung von den etablierten Realitätsvorstellungen und Normen katapultierte den Film an den Rand der Kultur – er wurde zu einer grotesken Marginalie gemacht.

Mussolinis „Republik Salò" verkörpert laut Schütte die Macht, welche Individuen in Objekte verwandelt. (Schütte 1977: 182) In *Salò* ist die Tendenz erkennbar, die Rekonstruierung einer historischen Epoche zu vermeiden. Dies äußert sich in einer „unhistorischen" Zitierung literarischer Werke von Baudelaire, Benn, Nietzsche, Klossowski und Barthes. Pasolini sieht in der sadistischen Organisation des ökonomischen Lebens eine anthropoligische Konstante. Die Instinkte der Unterwerfung konnten weder durch das Christentum noch den Marxismus verändert werden. Der Konsumismus als System unterscheide sich, so Pasolini, von allen bisherigen Systemen gewaltig. (Schütte 1977: 182-183) Die Menschen würden durch den Kampf um die Erhöhung eigener sozialer Standards in kleine machthungrige Diktatoren verwandelt. Die individuellen Werte, die über Jahrhunderte erworben wurden, verschwinden heutzutage in der neuen Freizügigkeit. Sex ohne Gefühle, systematische Ausbeutung und die Auflösung der Familie und der Ethnie ist laut Pasolini der hohe Preis der neuen „Freiheiten". (Schütte 1977: 183) Mit seiner Abneigung gegenüber der Konsumgesellschaft wollte Palolini mit *Salò* einen nicht konsumierbaren Film drehen. Benjamin kann in dieser Hinsicht als ein „Hellseher" betrachtet werden, da er behauptete, dass sich die sinnbildliche Darstellung im Warenzeitalter am besten eignet. *Salò* ist nicht nur unkonsumierbar, sondern auch unverdaulich – ein Effekt des „sich psychisch übergeben wollen". (Rappaport 2000: 2)

Peterson betrachtet *Salò* als eine Allegorie der Repression aus politischer und psychologischer Sicht. (Peterson 1996: 215) Aus politischer Sicht, da er in *Salò* die Antwort Pasolinis auf seine Verfolgung und Diffamierung sieht, indem er im Film die Intoleranz der Herrschenden direkt zeigt. *Salò* ist, so Peterson, nicht nur ein Angriff auf den Faschismus, sondern auf den modernen italienischen (westlichen) Staat samt seiner Institutionen. (Peterson 1996: 220) Vom psychologischen Blickwinkel aus, weil ein Prozess stattfindet, in dem inakzeptable Begehren aus dem Bewussten in das Unbewusste transportiert werden. Das Gleichgewicht der Perversion in *Salò* ist durch die Betonung des Hörsinns und die Benachteiligung des Tast- und Sehsinns gekennzeichnet. Die Narration wirkt distanzierender als die quälenden Geräusche. Die ausgezeichnete Rhetorik der Erzähler – von fröhlicher Musik begleitet – mischt sich nahtlos mit der Radioübertragung der Goebbelsrede. Die Libertins tauschen ein paar Zitate wie Floskeln aus und machen aus ihren Opfern eine Truppe verrückter Menschenhunde. (Peterson 1996: 221) *Salò* schafft die Anhäufung der Illusion von vereinzelten Psychosen durch mehrere Opfer. Der einzige Moment der „revolutionären" Hoffnung (die Liebe zwischen einem Gardisten und einem afrikanischen Dienstmädchen) dient als Katapult für noch abscheulichere Verbrechen. Allegorisch repräsentiert dieses Paar die Erinnerung an das Fiasko des faschistischen Regimes in Äthiopien – all dies vergeblich, weil die neue Konsumgesellschaft viele weitere Fiaskos mit sich bringt. (Peterson 1996: 225) Es scheint in *Salò*, als ob jeder Widerstand das Dekonstruieren und Neuordnen der Kultur nur weiter festigt. Die Dimension und der Anteil der grotesken Elemente in diesem Prozess ist unübersehbar und unbegreiflich zugleich.

Der Skandalwert von *Salò* ist nach der mysteriösen Tötung Pasolinis durch einen jungen männlichen Prostituierten enorm gestiegen – ein Pasolini-Mythos wurde geboren. Nach der Ermordung herrschte die Behauptung, Pasolini hätte seinen Tod gesucht, gewollt, sogar selbst bestellt – als ob er Mittäter beim Mord gewesen wäre. Eine weniger verbreitete, aber immer noch aktuelle Behauptung besagt, dass der Mord an Pasolini ein politischer Mord gewesen sei, dass ihn die wichtigsten staatlichen Institutionen Italiens, welche die bestehende „Ordnung" bevorzugten (einschließlich der „Christdemokraten" und „Kommunisten" Italiens), los werden wollten. (Macciocchi 1980: 11) So oder so, Pasolinis Mord ist mit den Szenen des Tötens in *Salò* vergleichbar und symbolisiert die Geburt einer „Post-Salò-Ordnung". Ein groteskes „Erdbeben" ist beendet und verschwindet entlang der verschobenen kulturellen Grenzen wie „eiskaltes Magma" in die Leere, welche nur ein Zeichen der neuen Kulturspaltung ist.

6. Fazit

Wegen der unfassbaren und nicht zu begreifenden Dimension des grotesken Phänomens und den Konsequenzen, welche sich daraus auf die kulturelle Ordnung auswirken, müssen auch die Beschreibungen und Interpretationen des Grotesken einen hohen Abstraktionsgrad aufweisen. Das Phänomen der Abjektion, das in *Salò* immer wieder durch Körperdarstellungen erlebbar ist, habe ich dem grotesken Phänomen untergeordnet: Abjektion wurde als vermenschlichtes und flüchtiges Groteskes betrachtet, als ein Phänomen, das eine Verbindung zum kalten, isolierten Käfig des Grotesken in *Salò* herstellt. Der „Salò-Raum" wirkt steril, leblos, distanziert und angsterregend zugleich. *Salò* ist der unerforschte Raum – mitten im Ei, im Kot, im Anus. Er ist eine förmliche Einladung zum ungewollten schwarzen Loch jedes Individuums, das jeden Bezug zur Ratio abbricht und den Körper in der Leere alleine lässt.

Warum ist die „Salò-Distanz" in der Lage dermaßen zu verletzten, zu provozieren, zu schockieren? Wie ist es möglich, gleichzeitig den Eindruck der unendlichen Ferne und untrennbaren Nähe zum Zuschauer zu erwecken? Die Behauptung von Greene, dass die Beobachter im Kinosaal durch ihre Beobachtung der beobachtenden Tätern in den letzten Szenen selbst zu Tätern gemacht würden, bietet eine schlüssige Erklärung für die Gefangenschaft des Zuschauers im „Salò-Universum". Es steckt aber viel mehr hinter dieser Betroffenheit – *Salò* trifft effektiv den Nerv einer Zeit, die immer noch herum geistert, schmerzt und verwirrt. Dies schafft *Salò* durch konstantes Chaos in der Darstellung von Epochen in der Kunst, Philosophie und Ideologie, durch selbstverständlich vorkommende Umkehrung, Vermischung und Verzerrung der bestehenden kulturellen Normen und Werte. Mit grotesken Mitteln werden in *Salò* die tragenden Säulen der westlichen Kultur kompromisslos bombardiert. *Salò* greift die Kultur von Außen an und findet tiefe Verankerung in jeder Pore der Kultur zugleich. *Salò* ist ein Werk am Rande der Kultur, aber die grotesken Darstellungen zerstören das Kulturgerüst aus zwei Positionen: von der Grenze aus, die sich dadurch verändert, und von Innen heraus – als „innerer Feind" und Bestandteil jedes kulturellen Phänomens. Der Moment, in dem *Salò* aus dem Marginalisierten in das „Kulturinnere" eintritt, ist der Anfang einer neuen Epoche, einer neuen Kulturordnung, welche auch in der Schlussszene des Films mit zwei tanzenden Jungen angedeutet wird.

Neben der Abjektion, ist die brutale Vertreibung der „Natur" aus *Salò* eine weitere Verbindung zum Grotesken. Dies hat zur Konsequenz, dass die kulturellen Vorgänge als natürliche Phänomene interpretiert werden. Während die verkleideten „Damen und Herren" als Mischwesen in der „Salò-Ordnung" etabliert sind, wirken die nackten Körper nicht natürlich, sondern entstellt. Sie sind eine kulturelle Urmaterie an den tektonischen Kulturtrennlinien. Durch konsequente Isolation des Kulturraums tritt das Groteske in *Salò* stärker in den Vordergrund. Die nackten Opfer zerstreuen sich unaufhaltsam und dringen vom Rand in das Kulturinnere hinein. Sie wirken wie eine unheimliche und immaterielle Masse, wie Kulturlava, entladen aus einer zelebrierenden Kulturgrotte. Die groteske Existenz ist ein Sein als Schein (ein nicht existierendes Sein), sie entsteht in einer Welt ohne Bedeutung, mit dem Ziel, sie zu dekomponieren. Die Musik in *Salò* begleitet und beschleunigt das Spektakel der Kulturliquidierung. Der „anale rote Faden" setzt den Fötus (Menschen) mit dem Kot gleich und materialisiert dadurch das Unbehagen der Zerstörung eines sinnlosen Systems durch das Groteske.

Ein weiteres Mittel der grotesken Kulturdekonstruktion in *Salò* ist die Verneinung der Geschichte, der Erinnerung. Die anarchischen Machthaber nutzen die schon widersprüchliche „Kultur", um sie noch stärker zu verdrehen, und sie dadurch nichtig zu machen. Der quasi-offizielle Charakter von Erzählungen, Festen und Zeremonien in *Salò* betont die Relativität und die Sinnlosigkeit der Alltagsrituale der Gegenwart. Die Herabsetzung des menschlichen Geistes liquidiert die Zeit; die Vernichtung des Körpers verneint das Materielle, das Räumliche. Aus dem großen und leeren Nichts entsteht noch viel mehr Nichts – und nichts davon darf verloren gehen. Stiglegger hat Recht, wenn er *Salò* als nihilistisches Manifest beschreibt. Vielleicht ist die absolute Bedeutungslosigkeit von Raum und Zeit, Körper und Geist, Haben und Sein eine weitere Erleichterung für die Durchsetzung des Grotesken.

Die kristallklare und distanzierte Kälte in *Salò* gibt dem Film eine geometrische und perfekt definierte Form. Die förmliche „Salò-Stille" wirkt mit schockierenden Inhalten zugleich als Schein. Sie ist verdreht und schafft es, die Ängste der Menschen anzusprechen und zu wecken. Sie ist ein saugendes Loch, das den Rezipienten von *Salò* eine Reise durch das unentdeckte und ungewollte „Ich" anbietet. Die dabei entstehende Angst ist die Angst vor sich selbst, vor einem undefinierbaren und flüchtigen Realen. Die „Salò-Revolution" ist effektiv und schnell, weil sie filmisch ist. Sie hat durch die groteske Filmsprache das Jahrhunderte alte und unheimliche „Kulturloch" enthüllt und es damit zerstört. Sie zeigte, dass das Groteske in der Verwirrung, Verzerrung und Vermischung einer Kultur seine Kraft bekommt, um diese gegen die Kultur anzuwenden. Das Groteske lebt durch Lügen und Widersprüchlichkeiten, daher wundert es nicht, dass gerade das Christentum als „Hüter der westlichen Kultur" durch die Anhäufung von grotesken „Viren" auseinander platzt und die ganze Kultur mit sich in den Abgrund zieht. Und all dies um einen Wiederholungswillen, da in der Repetition jede Sinnlosigkeit ihren Sinn findet.

7. Quellenverzeichnis

7.1 Filme

Akin, Fatih (Regie). *Gegen die Wand.* DVD. Universal, 2004.

Almodovar, Pedro (Regie). *Der Kloster zum heiligen Wahnsinn.* DVD. Universum Film GmbH, 1983.

Browning, Tod (Regie). *Freaks.* DVD. Rough Trade/ ZOMBA, 1932.

Ferreri, Marco (Regie). *Das große Fressen.* DVD. Kinowelt GmbH, 1973.

Lynch, David (Regie). *Mulholland Drive.* DVD. Concorde Video, 2001.

Pasolini, Pier Paolo (Regie). *Die 120 Tage von Sodom.* DVD. Universum Film GmbH, 1975.

Pasolini, Pier Paolo (Regie). *Teorema.* DVD. Mystorm, 1968.

7.2 Literatur

Bachmann, Gideon. (1975-1976): *Pasolini on de Sade. An Interview during the Filming of "The 120 Days of Sodom."* In: Film Quarterly, Vol. 29, No. 2, 39-45.

Barasch, Frances K. 1971. *The Grotesque. A Study in Meanings.* The Hague: Mouton & Co. N.V.

Barthes, Roland. "Pasolini's SALO: Sade to the letter." *Pier Paolo Pasolini.* Hrsg. Paul Willemen. London: British Film Institut, 1977. 64-66.

Brinkema, Eugenie. "Browning. Freak. Woman. Stain." *The Cinema of Tod Browning. Essays of the Macabre and Grotesque.* Hrsg. Bernd Herzogenrath. Jefferson: McFarland & Company, 2008. 158-173.

Burgin, Victor. "Geometry and Abjection." *Abjection, Melancholia, and Love. The Work of Julia Kristeva.* Hrsg. John Fletcher/ Andrew Benjamin. London: Routledge. 1990. 104-123.

Butler, Judith. 1991. *Das Unbehagen der Geschlechter.* Frankfurt am Main: Suhrkamp Verlag.

Calestini, Federico. 2006. *Die Unordnung der Dinge. Das musikalische Groteske in der Wiener Moderne (1885-1914).* München: Franz Steiner Verlag.

Chanter, Tina. 2008. *The Picture of Abjection. Film, Fetish, and the Nature of Difference.* Bloomington: Indiana University Press.

Donner, Wolf. (1976): *Die Unehrlichkeit unserer Gesellschaft.* In: Freunde der Deutschen Kinemathek Berlin. "Pier Paolo Pasolini. Dokumente zur Rezeption seiner Filme in der deutschsprachigen Filmkritik 1963-85," Heft 84, Oktober 1994, 175-177.

Fischer, Jens Malte. 1983. *Filmwissenschaft – Filmgeschichte. Studien zu Welles, Hitchcock, Polanski, Pasolini und Max Steiner.* Tübingen: Gunter Narr Verlag.

Foucault, Michel. "Der Kampf um die Keuschheit." *Die Masken des Begehrens und die Metamorphosen der Sinnlichkeit. Zur Geschichte der Sexualität im Abendland.* Hrsg. Philippe Ariès/ André Béjin. Frankfurt am Main: Fischer Verlag GmbH, 1984. 25-39.

Fründt, Bodo. (1976): *Das schreckliche Ende der Lust.* In: Freunde der Deutschen Kinemathek Berlin. "Pier Paolo Pasolini. Dokumente zur Rezeption seiner Filme in der deutschsprachigen Filmkritik 1963-85," Heft 84, Oktober 1994, 166-167.

Fuß, Peter. 2001. *Das Groteske. Ein Medium des kulturellen Wandels.* Köln: Böhlau Verlag.

Greene, Naomi. 1990. *Pier Paolo Pasolini. Cinema as Heresy.* Princeton: Princeton University Press.

Greene, Naomi. "*Salò*: The Refusal to Consume." *Pier Paolo Pasolini. Contemporary Perspectives.* Hrsg. Patrick Rumble/ Bart Testa. Toronto: University of Toronto Press, 1994. 232-242.

Gross, Elizabeth. "The Body of Signification." *Abjection, Melancholia, and Love. The Work of Julia Kristeva.* Hrsg. John Fletcher/ Andrew Benjamin. London: Routledge. 1990. 80-103.

Hauer, Sabine/ Themm, Peter. "De Sade, der Faschismus und der Film. Pier Paolo Pasolinis *Salò oder die 120 Tage von Sodom.*" *Gewalt im Film.* Hrsg. Ralf Schnell. Bielefeld: Aisthesis Verlag, 1987. 71-93.

Hay, James. "Placing Cinema, Fascism, and the Nation in a Diagram of Italian Modernity." *Re-viewing Fascism. Italian Cinema, 1922-1943.* Hrsg. Jacqueline Reich/ Piero Garofalo. Bloomington: Indiana University Press, 2002. 105-137.

Herzogenrath, Bernd. "Introduction: Browning = Poe + Kant + ... = Cinema." *The Cinema of Tod Browning. Essays of the Macabre and Grotesque.* Hrsg. Bernd Herzogenrath. Jefferson: McFarland & Company, 2008. 1-18.

Indiana, Gary. 2000. *Salo or The 120 Days of Sodom. (Salo o le 120 giornate di Sodoma)*. London: British Film Institute.

Kassel, Norbert. 1969. *Das Groteske bei Franz Kafka*. München: Wilhelm Fink Verlag.

Kleine-Roßbach, Sabine. „Literaturkörper – Filmkörper: Sades *120 journèes de Sodome* und Pasolinis *Salò o le 120 giorante di Sodoma*." *Corpi / Körper. Körperlichkeit und Medialität im Werk Pier Paolo Pasolinis*. Hrsg. Peter Kuon. Frankfurt am Main: Europäischer Verlag der Wissenschaften, 2001. 127-137.

Klimke, Christoph. "Der erotische Blick. Zur Sexualität in den Filmen Pasolinis." *Kraft der Vergangenheit. Zu Motiven der Filme von Pier Paolo Pasolini*. Hrsg. Christoph Klimke. Frankfurt am Main: Fischer Taschenbuch Verlag, 1988. 11-33.

Kristeva, Julia. 1998. *Die Mächte des Grauens. Ein Versuch über den Abscheu*. Frankfurt am Main: Suhrkamp Verlag.

Kuczok, Wojciech. 2008. *Höllisches Kino. Über Pasolini und andere*. Frankfurt am Main: Suhrkamp Verlag.

Laine, Tarja. 2007. *Shame and Desire. Emotion, Intersubjectivity, Cinema*. Brüssel: P.I.E. Peter Lang.

Landy, Marcia. 1986. *Fascism in Film. The Italian Commercial Cinema, 1931-1943*. Princeton: Princeton University Press.

Lechte, John. 2003. *Key Contemporary Concepts. From Abjection to Zeno's Paradox.* London: SAGE Publications.

Leopoldseder, Hannes. 1973. *Groteske Welt. Ein Beitrag zur Entwicklungsgeschichte des Nachtstücks in der Romantik*. Bonn: Bouvier Verlag Herbert Grundmann.

Lindner, Burkhardt. "Der Groteskfilm als Gegegstand der historischen Emotionsforschung." *Mediale Emotionen. Zur Lenkung von Gefühlen durch Bild und Sound*. Hrsg. Oliver Grau/ Andreas Keil. Frankfurt am Main: Fischer Taschenbuch Verlag, 2005. 149-170.

Loshitzky, Yosefa. "Verbotenes Lachen. Politik und Ethik der Holocaust-Filmkomödie." *Lachen über Hitler – Auschwitz-Gelächter?* Hrsg. Margrit Fröhlich/ Hanno Loewy/ Heinz Steinert. Augsburg: edition text + kritik im Richard Boorberg Verlag, 2003. 21-36.

Macciocchi, Maria-Antonietta/ Repensek, Thomas. (1980): *Pasolini: Murder of a Dissident*.In: October, Vol. 13, 11-21.

Maggi, Armando. 2009. *The Resurrection of the Body. Pier Paolo Pasolini from Saint Paul to Sade*. Chicago: The University of Chicago Press.

Maurer Queipo, Isabel. 2005. *Die Ästhetik des Zwitters im filmischen Werk von Pedro Almodóvar*. Frankfurt am Main: Vervuert Verlag.

Nowak, Lars. "Cinematic Torture Machines: Tod Browning and Masochism." *The Cinema of Tod Browning. Essays of the Macabre and Grotesque.* Hrsg. Bernd Herzogenrath. Jefferson: McFarland & Company, 2008. 50-69.

Pasolini, Pier Paolo. "Die Sprache des Films." *Semiotik des Films.* Hrsg. Friedrich Knilli. München: Carl Hanser Verlag, 1971. 38-55.

Pasolini, Pier Paolo. "Salò o le 120 giornate di Sodoma (Salò oder die 120 Tage von Sodom)." *Pier Paolo Pasolini. Lichter der Vorstädte.* Hrsg. Franca Faldini/ Goffredo Fofi. Hofheim: Wolke Verlag, 1986. 168-184.

Peterson, Thomas. E. (1996): *The Allegory of Repression from Teorema to Salò.* In: Italica, Vol. 73, No. 2, 215-232.

Pollak, Michael. "Männliche Homosexualität – oder das Glück im Getto." *Die Masken des Begehrens und die Metamorphosen der Sinnlichkeit. Zur Geschichte der Sexualität im Abendland.* Hrsg. Philippe Ariès/ André Béjin. Frankfurt am Main: Fischer Verlag GmbH, 1984. 55-78.

Rappaport, Mark. (2000): *The Autobiography of Pier Paolo Pasolini.* In: Film Quarterly, Vol. 56, No. 1, 2-8.

Ricci, Steven. 2008. *Cinema and Fascism. Italian Film and Society, 1922-1943.* Berkerley: University of California Press.

Russo, Mary. 1994. *The female grotesque: risk, excess, and modernity.* New York: Routledge.

Ryan-Scheutz, Colleen. 2007. *Sex, the Self, and the Scared. Women in the Cinema of Pier Paolo Pasolini.* Toronto: University of Toronto Press.

Schütte, Wolfram. "Salò o le 120 giornate di Sodoma. *Die 120 Tage von Sodom.*" *Pier Paolo Pasolini.* Hrsg. Peter W. Jansen/ Wolfram Schütte. München: Carl Hanser Verlag, 1977. 177-187.

Schwartz, Barth David. 1992. *Pasolini Requiem.* New York: Pantheon Books.

Shaviro, Steven. 1993. *The Cinematic Body.* Minneapolis: University of Minnesota Press.

Stiglegger, Klaus. 2000. *Sadiconazista. Faschismus und Sexualität im Film.* St. Augustin: Michael Itschert, Gardez! Verlag.

Theweleit, Klaus. 2003. *Deutschlandfilme. Godard. Hitchcock. Pasolini. Filmdenken & Gewalt.* Frankfurt am Main: Klaus Theweleit und Stroemfeld Verlag.

Thomas, Calvin. 2008. *Masculinity, Psychoanalysis, Straight Queer Theory. Essays on Abjection in Literature, Mass Culture and Film.* New York: Calvin Thomas.

Tischleder, Bärbel. 2001. *Body Trouble. Entkörperlichung, Whiteness und das amerikanische Gegenwartskino.* Frankfurt am Main: Stroemfeld Verlag.

Viano, Maurizio. 1993. *A Certain Realism. Making Use of Pasolini's Film Theory and Practice.* Berkerley: University of California Press.

Der Autor

Bojan Sarenac wurde 1978 in Jugoslawien geboren. Nachdem er 1999 nach Deutschland eingewandert war, studierte er Medienwissenschaften an der Universität zu Köln. Schon während des Studiums sammelte der Autor zahlreiche praktische Erfahrungen in der Medienbranche und übte ehrenamtliche Tätigkeiten im kulturellen und sozial-politischen Bereich aus. Seine kulturwissenschaftliche Diplomarbeit verbindet das Phänomen des Grotesken mit einer „filmischen Dekonstruktion" der kulturellen Ordnung. Die Motivation und Inspiration für diese Arbeit schöpfte der Autor aus dem blutigen Zerfall Jugoslawiens.

Printed in Poland
by Amazon Fulfillment
Poland Sp. z o.o., Wrocław